神準天王掏心回覆善報益極

U0036651

100張圖幫
股市小白
財富自由

Preface

股市小白，
讓你和無知無助說掰掰！

　　家父生前是一位教授，他把台灣最重要的各種學術著作獎項都得光了。當年沒有電腦，所以我常必須幫他謄寫修改後的文稿。老爸的年代是用「半文言文」寫學術著作的，我年幼時很聽話，但每次都抄寫得昏昏欲睡。不過，老爸在我懵懂無知的童年，叫我背的唐詩三百首、千家詩等等，我倒是非常喜歡，常在家人都外出玩樂時，甘願一人在家背書。

　　高中時代，由於擔任了文藝社團的社長，瘋迷世界名著和文藝作品，也愛上白話文的輕鬆明快，曾立志要做一個像徐志摩、李敖、林清玄那樣的知名作家。服完兵役後，我考進報社，常寫稿賺外快，又不必養家，於是大量購書閱讀，不到30歲，已擁有兩萬多本藏書。

　　整理父親遺物時，發現他書架上的線裝書極多，我一本也不想接手。原來我已經走到和他當年期許完全不同的「文藝作家」之路了。截至目前為止，我已用不同的筆名，寫了將近100本著作，無不是以簡潔明快、輕鬆易讀的白話文問世。

離開記者生涯、旅居上海之後，我決定閉門專事寫作。不久，網路崛起、實體書式微，加上大陸書因成本低廉、大量傾銷台灣，重挫了我的寫作之路，於是我開始鑽研股票學，「十年磨一劍」，終於轉型成功。2015 年 6 月，我返回台灣定居，應聘在中原大學和財訊金融學院教授股市絕學。

　　雖然我的創作題材，被逼到只剩財經之路，終也慢慢獲得讀者的認同。雖然我一向婉拒上電視或採訪邀約，但讀者熱情有勁的來信，源源不絕，常使我歡喜莫名。來信的讀者多半表達對我的著作「驚為天人」、「相見恨晚」、「如獲至寶」……等等。總之，他們對於國際投資大師那些艱澀的翻譯書都無法消受，卻因「看得懂」我的書，感受到「醍醐灌頂」的啟發，而頻頻來參加我的免費群組【天龍特攻隊】，並設法搜羅我整套的股市著作。

　　其實，我是用文藝作家流利的白話文，來抒寫財經書籍，所以「可讀性」非常高，也容易看得懂。何況我是用親身經歷的股市實戰作基礎，深知學習者均非商學院畢業，股市的書如果看不懂，那對他們的操作又有什麼幫助呢？何況商學院畢業的學者，也未必有一支流暢的文筆，可以和讀者清楚溝通。這就是學習者的困境。

擁有「基礎」知識，易步入「進階」

　　幾年來的股市教學經驗讓我深深體會，新手從不會到會，都有一段茫然的「股市小白」時期。尤其去年股市突破 12,682 的三十年前高點，20 到 30 歲年輕族群的開戶數，大幅成長到

百餘萬。這群人被稱為「股市小白」或「首投族（首次投資的新人）」，尤其 2021 年航運、鋼鐵股異軍突起，當沖盛行，不少股市小白「有膽無識」瘋狂投入，造成違約交割的情況也不少。

　　長期收到讀者的來信，我發現不懂股市的人，和已經在股市操作的人，中間還是存在很大的認知差距。坊間書上沒寫到的、股市老師以為你早該知道的、前輩投資人懂而你卻不懂的常識，其實還有很多。例如，我在教學群組中被問到的「老師，什麼叫做『拉尾盤』？」「什麼叫做『良性換手』？」「什麼叫做跌破長紅大量的『低點』？『低點』是指多低呀？」諸多問題都是股市小白心底的疑問，但是苦於無從得到解答。

　　新手初入股市都感覺新鮮興奮，往往很急於搞懂所有的知識。其實就像學游泳，光看書是沒用的，一定要「下海」實際泡水才行。只要進入股市，在投資的過程中，自然會慢慢了解其中奧妙的。例如「什麼叫做『號子』？」「什麼叫『拉尾盤』？」這樣的問題，在我們聽起來都有點不可思議。「號子」就是我們早年去看盤的地方，也就是「證券商」的俗稱。現代流行網路下單，難怪股市小白連「號子」這個詞兒都沒聽過。「拉尾盤」就是主力在盤尾拉抬股價的意思，不是很簡單嗎？可是這些真的就是「股市小白」向我問過的。這個「拉」字，意指「拉抬股價」，是台灣股市的習慣語。就像「玩股票」也是台灣的股市習慣語，有點像是俏皮的大白話，比較正式的說法應該叫「投資股票」或「操作股票」。

　　股市小白之所以不懂，是因為欠缺基本的操作經驗，也沒

有和其他股友在一起談論，所以對我們習以為常的「術語」，會有點隔閡。

至於「良性換手」是什麼？擔任教學的老師通常也是一筆帶過，以為股市小白一定懂的。其實，「價量配合良好」，就是「良性換手」。股價的發展，有如接力賽。有價有量，就有動能，股價就容易上漲，這就是良好的換手（接棒繼續跑）。如果有價無量，正如缺乏燃料，股價就無法推動，這就不是良好的換手（接棒的跑者無力跑下去）。只要講得更白一點，就合乎股市小白的需求了。

至於「什麼叫做跌破長紅大量的『低點』？『低點』是指多低呀？」問者的難局就在於不懂「低點」之意，是指當期股價的「最低點」。你必須先讓他知道一天、一週、一月等各種「期間」，都有四個畫 K 線用的數字，就是「開盤價」、「收盤價」、「最高價」、「最低價」。這些「價」，也稱為「點位」。也就是說，高點就是指「最高價」，低點就是指「最低價」。只要具備這樣的理解，就不會出現如此傻得可愛的問題了。

自從我讓「因書結緣」的讀者參與到我的免費群組《天龍特攻隊》之後，大量從 LINE 湧進來的讀者提問，把我自己搞得累死了！因為我幾乎是「有求必應」、「有問必答」。尤其我一向有責任感，想把發問者徹底教會，結果常是問者只是隨便一個問題、一檔個股，我就會花上半小時去研究後打字解說，非常繁瑣。常常在電腦桌前一坐就是七、八小時。何況新手中也常有更新的新人進來，在我講解之後，又重新發問，我又得重講一遍。於是我想，如果能把股市小白發問的問題都編成

「題庫」，然後，我再把答案寫成書。這樣，學習者就可以更快取得資源、脫離困境了。有些人職場工作非常忙碌，有問題時他還可以隨時像翻開詞典似的，立刻得到幫助。

別用「質疑」態度，來代替「請教」

其實股市小白是很單純可愛的，我反而不太喜歡教那些自以為不需要學習、上課的老手。因為即使在股市浸淫 20 餘年的投資人，只要沒經過認真研究股市的階段，依然會是輸家一個。你教會了他，他也不懂感恩；當他學會了、在向其他新手炫耀時，早已忘記他的知識是怎麼來的。他也不會想到是我長於講解，他才這麼快領悟。他只覺得自己就是天生的股神。

這種「老手」總是倚老賣老，用「質疑」的態度來代替「請教」。例如看到本書的「作者簡介」：6 天暴賺 150％。老手脫口就說：怎麼可能！一天漲幅才 10％而已，6 天頂多賺 60％啊！其實答案是：當然可能！用融資買，槓桿 2.5 倍，6 天確實就是 150％的極限了。又例如 2020 年，我又在 5 天內創造一倍（報酬率 200％）的紀錄。老手說：5 天暴賺 1 倍？怎麼可能！一天的漲幅才 10％而已，5 天頂多賺 50％啊！就算用融資買，也不可能呀！其實答案是：很簡單，我買的那一檔股票是興櫃的股票，那是沒有漲跌幅限制的。

不瞞你說，我一年只辦兩次的「方天龍講座」，那些連佛心價收費都想「倖免」的老手沒報名參加時，我都有一種「幸災樂禍」的感覺。因為他們都是「只知其一、不知其二」的半桶水，很難有進步。所以，我對於毫無上進心的老手，從不勉

強。就讓他們繼續跌跌撞撞、日復一日輪迴下去吧！這個世界如果沒有一些輸家搭配，怎麼會有贏家、怎麼會有人成功？相反的，我對於虛心的學習者，都很照顧。巴不得肝膽相照、傾囊相授，把我 20 年以上的功力一次灌給他！

　　我也是「股市小白」的過來人，當年都沒有現在這麼好的環境、這麼多的好書來啟迪自己，也沒有這麼多的老師和高手可以請教。十多年來，我完全是靠自己摸索、嘗試、創造、發明、驗證、回測、修正……天天爆肝熬夜研究，才換來這麼多獨家的理論和見解。現在正好可以用來分享給我的知音們，讓他們可以少走很多冤枉路，我真有一種「行俠好義、樂於助人」的快感。

　　歡迎您從臉書進來和我溝通，並歡迎您加入我的免費群組【天龍特攻隊】，讓我義務為您作售後服務。

方天龍

方天龍專用信箱：robin999@seed.net.tw
方天龍臉書網址：ttps://www.facebook.com/profile.php？id=100010871283091

Content

目錄

第 **4** 篇：怎麼畫線和觀察趨勢型態？

第 5 篇：技術面和資券籌碼問題淺釋

第 **1** 篇

股票的基本概念

01. 為什麼
年輕時就該懂股票？

粉絲提問：老師，我家庭很保守，父母都很排斥我們談到股票。到底股票適不適合年輕人呢？

天龍回覆：年輕人很早開始投資股票，多半是受到家長的啟示。家長願意讓孩子學習，多半緣於他們自身對股票有正向的認知；而反對孩子太早認識股票的家庭，通常缺乏理財觀念。近年來參加「方天龍講座」的讀者，年齡層已經大幅降低。這是由於時代改變、年輕人知識大開。投資理財，宜早不宜遲。

我的父親是文學院教授，一向兩袖清風，不屑於理財，還常以「我們都不是做生意的料子」，來勸阻我們走上創業之路，當時他只希望我讀醫，結果我因熱愛文學而沒做成醫師，即使在報社擔任股票版主編，也只把它當作一份工作而已，從無發財之心。

處身理財環境，就能了解學習股票的重要

直到報社結束、失了業，才驚覺理財的重要。後悔年輕時曾因寫作賺過上千萬，卻從未重視儲蓄，永遠都是「月光族」的成員。於是，花費十年的功夫閉門補修「股票學分」，才總算對未來人生有了能養活自己的把握。我認為，你這麼年輕，可以先學習「存股」。如果更積極，則應直接學習股票實務操作。年輕時最好把自己丟進和理財有關的環境，自然能慢慢領悟金融操作，應該從學習股票開始。

圖 1-1 學習股票的好處

	學習股票	不學股票
1	加速資產累積，未來生活有基礎。	賺多少花多少，不懂理財的重要。
2	一旦公司倒閉，有股票一條生路。	一旦失業在家，再找到工作不易。
3	不怕物價上漲，薪水相對變薄了。	永遠嫌薪水低，難滿足生活需求。
4	參與產業投資，可增進科技新知。	商業知識淺陋，完全跟不上時代。
5	股票變現性快，賣股就能換現金。	買房買車消費，無法增加新收入。

（製表：方天龍）

圖 1-2 年輕時就該懂股票的理由

1	年輕世代對網路較熟諳，有優勢。
2	網路下單程序簡化，容易下手。
3	突破時間、空間限制，不必到證券商，就能完成交易。
4	網路下單交易速度快。
5	避開電話下單的誤聽，準確率提高。
6	網路下單有折扣優惠。
7	自主性高，隱密性也夠。

（製表：方天龍）

02. 買股票
該注意哪些風險？

粉絲提問：老師，我來自一個保守的家庭，眼見父母玩股票都是賠錢的，哥哥姊姊也都玩得不是很順利。我想從股市報一箭之仇，仍有點忐忑不安，可否告訴我做股票應該注意哪些風險？

天龍回覆：股票，沒有期貨、選擇權等金融衍生性商品有「超額損失」（萬一投資失敗，保證金之外，還得倒賠到夠為止）的問題，頂多是本金賠光了而已。但是它仍然有很多風險是必須注意的。首先，你必須選對熱門產業，如果不懂技術面、籌碼面，也會被假新聞、假消息愚弄，成為公司派或主力作手倒貨的對象。

好好鑽研股票學，才能趨吉避凶

請看圖 2-1，「宏達電」（2498）從 2011 年 5 月的 1,300 元，跌到 2021 年 8 月初，只剩不到 40 元，最低甚至來到 25.4 元。整整套牢 10 年！再看圖 2-2，「國巨」（2327）從 2018 年 7 月的 1,310 元股價，才不過一年，就跌到最低剩 203 元。直到 2021 年 8 月初，也還回不到一半，真的很慘！所以，股票一定要學好。

如果懂技術分析，在「宏達電」起跌次月，就知道該停損了；如果懂財務結構的人就知道「國巨」暴漲的那年營收再好，也不可能年年都賺那麼多；懂籌碼面的人也知道，老闆前妻既然大賣持股，必然事出有因，顯然知情。聰明的法人跟著大賣股票，那股價哪有守得住的道理？所以，如果不好好鑽研股票學，風險極大。

圖 2-1 「宏達電」（2498）的一頁滄桑史。

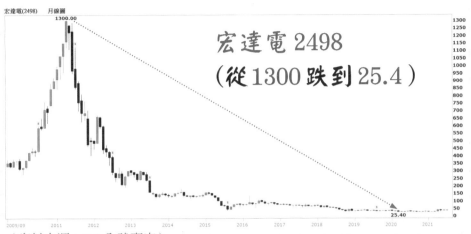

宏達電 2498
（從 1300 跌到 25.4）

（資料來源：XQ 全球贏家）

圖 2-2 「國巨」（2327）的一頁滄桑史。

國巨 2327　（從 1310 跌到 203）

（資料來源：XQ 全球贏家）

03. 發生錯帳、違約交割，會怎麼樣？

粉絲提問：老師，在做股票時，如果網路下單不小心打錯了，或當沖失敗、錢又不夠付時怎麼辦？會變成「違約交割」嗎？萬一借不到錢來償付損失的話，會有什麼樣的下場呢？

天龍回覆：買賣股票，交易完畢，契約就成立了，第一天還不必付款（除非「全額交割」），第二天就要辦手續（叫做交割），第三天早上 10 時以前入帳即可。如果超過時限仍未入帳，就會被列為「違約交割」。

一旦「違約交割」，券商可收取違約金（最高為總成交金額 7％），而且帳戶會被凍結，影響你今後的信用、甚至吃上官司。通常，在網路上不小心打錯，就得面臨損失。一般可用「現股當沖」方式，來反向賣出。如果已經收盤才發現，那就只能儘快籌錢交割，等隔天收到股票再賣出，後天交割之後再還款。

留下信用不良紀錄，今後再開戶將不受歡迎

我在教學時，一向強調「投資比例要低」。年輕人做當沖時常以為這是「無本生意」，而大膽進行超過財力所及的交易張數，結果股票走勢若不如預期出了意外（例如被軋到漲停板或跌到跌停板），那就很慘了！所以，我們進行任何投資時都應量力而為，出手之前就應確認交割帳戶內的款項夠不夠，否則違約交割將會留下信用不良記錄，導致以後在國內可能再也開不了股票戶頭、無法辦信用卡、無法辦貸款等等困局。

圖 3-1 買賣股票的交易流程

買賣股票的交易流程		
第一天	第二天	第三天
俗稱 T 日	俗稱 T＋1 日	俗稱 T＋2 日
購買或賣出股票的交易日（成交價也以此時為準）	取得股票或失去股票	上午 10 時以前必須付清（或可收入）前兩天交易的股款

（製表：方天龍）

圖 3-2 「違約交割」的過程細節

「違約交割」的始末	
1	股票交易完成的第三天（T＋2 日）一大早，營業員發現客戶仍未繳款，會電話提醒。
2	如果客戶 T＋2 日上午 10：00 仍未入帳，券商就必須呈報「違約交割」的事實。
3	投資人違約，帳戶會立刻被凍結，如持續未結案，券商將會拒絕投資人再申請開戶。
4	券商在發生違約交割後，可以強制把客戶違約的股票賣出，以償還違約債務和費用。
5	如果券商賣出違約客戶的股票、金額仍不夠償還，短缺的金額會繼續追討。
6	投資人違約交割，券商可以收取違約金，上限為總成交金額 7% 的罰款。
7	如果違約交割情節重大、影響市場秩序，就必須負刑事責任。
8	客戶違約交割，相關營業員也要負連帶責任，因為他和券商有簽署承擔風險的合約。

（製表：方天龍）

04. 台股分為哪幾個市場？各有什麼特色？

粉絲提問：老師，台股總共有幾個市場？它們是怎麼分類別的？各有什麼特色呢？

天龍回覆：台股，大抵有上市股票、上櫃股票、興櫃股票，以及未上市股票，還有全額交割，以及零股的交易市場。投資人只要辦好配合券商的手續，就可以在同一個帳戶中進出。

「上市股票」是集中市場，通常企業規模較大、成立時間也較久，有點像「正規軍」，法人較熱中進出。「上櫃股票」則是店頭市場，簡稱「OTC」。由於掛牌的門檻較低，所以在裡面交易的個股，多半是新興企業或中小型的公司，股本也較小。由於較易於炒作，所以主力大戶特別偏愛。

興櫃股票市場，沒有漲跌幅限制

至於「興櫃股票」，既非上市，也非上櫃，只要有兩家證券經紀商共同推薦，就可以在「興櫃股票」市場買賣，最大的特色就是「沒有漲跌幅」限制。另外，「未上市股票」最好不要投入，風險太大。

「全額交割股票」通常指的是經營不善的公司，當一家上市、上櫃公司發生財務危機，或是沒有按規定時間內公告每一季的財務報表，就會被列為「全額交割股」。必須先繳款（收足款項）或專戶內有錢先行「圈存」（預收款券的意思）。還有一種「零股」的交易市場，現在也慢慢熱絡起來，小資族不妨體驗看看。

圖 4-1 上市與上櫃股票的基本條件差異

項目	上市股票的條件	上櫃股票的條件
興櫃股票市場	登錄滿六個月	登錄滿六個月
設立年限	設立滿三年 （公營轉民營不受此限）	設立滿二個完整會計年度 （公營轉民營不受此限）
實收資本額	申請上市時達六億元以上且 普通股三千萬股以上	五千萬元以上且 普通股五百萬股以上

（製表：方天龍）

圖 4-2 上市與上櫃股票的進階條件差異

項目	上市股票	上櫃股票
獲利能力	最近一個會計年度無累積虧損且財務報告之稅前淨利占年度決算之財務報告所列示股本比率合於下列條件之一者： ❶ 最近二年度均達 6%以上。 ❷ 最近二年度平均達 6%以上，後一年比前一年好。 ❸ 最近五年度均達 3%以上。	最近一會計年度無累積虧損且財務報告之稅前淨利占財務報告所列示股本比率符合下列條件之一者： ❶ 最近年度達 4%以上 ❷ 最近二年度均達 3%以上 ❸ 最近二年度平均達 3%以上，且後一年較前一年佳。 ❹ 前述決算稅前純益，在最近一會計年度不得低於新台幣 400 萬元。
股東人數及持股比例	記名股東人數 1000 人以上，公司內部人及該等內部人持股逾百分之五十之法人以外之記名股東人數不少於五百人，且佔股份總額 20%以上或 1,000 萬股以上。	公司內部人及該等內部人持股逾百分之五十之法人以外之記名股東人數不少於三百人，且佔股份總額 20％以上或 1,000 萬股以上。
股務規定	一家承銷商輔導。	❶ 需有兩家以上推薦證券商。 ❷ 應委任專業股務代理機構辦理股務。 ❸ 設置薪資報酬委員會。 ❹ 公司章程應載明下列事項：將電子方式列為股東表決權行使管道之一，同時公司董事、監察人選舉，應採候選人提名制度。
集保規定	董監事、持股 10%以上之股東。	董監事、持股 10%以上之股東。

（製表：方天龍）

05. 股票
有哪些人在「玩」？

　　粉絲提問：老師，我們常說「玩股票」、「玩股票」？股市到底有哪些人在玩？

　　天龍回覆：「玩股票」是台灣特有的習慣語，在保守年代，投資股票或股票操作都被視為太簡單的事。這種有點戲謔的說法，是來自「不玩股票」的族群。正式的問法應該是：台股有哪些參與的成員？

　　先說說監督交易秩序的有「證期局」，提供交易平台的有「台灣證券交易所」、「中華民國證券櫃檯買賣中心」（簡稱 OTC）、「證券金融公司」、「證券商」（俗稱「號子」），以及保管股票的「台灣證券集中保管公司」（簡稱「集保所」）。至於參與下單交易的有三大法人（外資、投信、自營商）、實戶、中實戶、散戶（小資男女、菜籃族、年輕學生）。

主力大戶詭譎多變，需要學習新的對策

　　現代的股市已慢慢演變得複雜了，例如有些主力大戶會扮成「假外資」。天天買低賣高、有如打工仔。也有今天買、明天賣的「隔日沖大戶」，也有「三日沖」、「四日沖」、「五日沖」的短線大戶。近年由於短線盛行，主力大戶的行動更詭譎多變，不一定只做同一種模式的操作，這也使得股市漲跌互見、快速輪動，難以捉摸。這就增加了散戶操作的難度，所以一定要透過學習，才不會拘泥於傳統的技法而一敗塗地。

圖 5-1 證券商的種類

	種類名稱	承辦業務
1	證券金融公司	透過證券商把資金借給投資人去買股票（就是所謂的「融資」），或把股票借給投資人賣出（就是所謂的「融券」），這種公司簡稱為「證金公司」，就是股市中「信用交易」的資金和股票的提供者。「證金公司」的功能，主要在於活絡股市。
2	綜合證券商	具有經紀商、承銷商、自營商等功能的大型證券商。他們甚至也可以自辦融資、融券，以及借券等信用交易的業務。
3	證券經紀商	就是一般的券商，俗稱「號子」。這是早年投資人看盤交易的場所，現在網路下單盛行，號子的大廳多半是空的，只有一群營業員坐在那兒接投資人的電話下單。
4	證券承銷商	負有替企業機構輔導上市或上櫃任務的證券商。
5	證券自營商	自營商是券商的自營部門，由於比較不受官方節制，所以非常靈活，經常快進快出、短線操作，所以有人戲稱為「大散戶」。他們主要是幫券商老闆賺錢。

（製表：方天龍）

06. 處理股市事務的有哪些相關單位？

粉絲提問：老師，處理股市事務的有哪些公家機構和相關單位？

天龍回覆：前面說過，監督交易秩序的有「證期局」，提供交易平台的有「台灣證券交易所」、「中華民國證券櫃檯買賣中心」（簡稱OTC）、「證券金融公司」，以及保管股票的「台灣證券集中保管公司」（簡稱「集保所」）。這些都是公家機構。相關的單位，還有「台灣期貨交易所」、「公開資訊觀測站」、「中華民國證券投資信託暨顧問商業同業公會」。

股票期貨出了意外，也有求償的途徑

投資人在發生意外事件時，怎麼辦呢？有一個「交易人保護中心」可以申訴，它的網址已經變動了，新的網址如圖 6-1。它的全名是：「財團法人證券投資人及期貨交易人保護中心」，它是 2003 年 1 月 1 日根據「證券投資人及期貨交易人保護法」開始施行的。

這個單位除了負責提供投資人證券及期貨相關法令的諮詢及申訴服務、買賣有價證券或期貨交易因民事爭議之調處外，還可以幫投資人提起團體訴訟或仲裁求償；另針對證券商或期貨商因財務困難無法償付之問題，也可以幫忙解決。

圖 6-1 股市相關的服務單位

	網站名稱	網址
1	臺灣證券交易所	https://www.twse.com.tw/zh/ 臺灣證券交易所全球資訊網介紹公司組織、沿革外，並分為「交易資訊」、「指數資訊」、「上市公司」、「產品與服務」、「結算服務」、「市場公告」、「法令規章」……
2	「中華民國證券櫃檯買賣中心」（簡稱 OTC）	https://www.tpex.org.tw/web/ 分類為「上櫃」、「興櫃」、「創櫃」、「開放式基金」、「黃金現貨」、「指數及 ETF」、「債券」、「衍生商品」、「公告及法規」等，並為投資人、證券商、上櫃／興櫃公司等設計分眾專區，期以即時、優質、多元化之方向提昇對國內外投資大眾之服務，並做為您投資研究的參考
3	公開資訊觀測站	https://mops.twse.com.tw 揭露所有公開發行公司（包含上市櫃公司）法定資訊，包括公司基本資料、股東會議、股利、公司治理、財務報表、重大訊息及公告、營運概況……
4	基本市況報導網站（MIS）	https://mis.twse.com.tw 提供即時盤中指數、盤中預估淨值、成交價及最佳五檔價量等交易資訊
5	資訊服務	https://www.twse.com.tw/zh/page/products/info-vendor/history.html 網路資訊商店以多種傳輸管道提供盤後資訊、指數資訊、歷史交易資料及客製化資料等服務
6	證券商資訊	https://www.twse.com.tw/zh/brokerService/brokerServiceAudit 提供各證券商基本資料及業務人員人數統計表
7	財團法人證券投資人及期貨交易人保護中心	https://www.sfipc.org.tw/MainWeb/Index.aspx ？ L=1 提供投資人有關證券及期貨相關問題之諮詢申訴、調處、辦理團體訴訟、代表及解任訴訟及保護基金之償付等服務

（製表：方天龍）

07. 盤前可以看看國外哪些指數，作為台股的參考？

粉絲提問：老師，每次開盤我都很緊張，不知今天開盤後會漲還是會跌？請問老師有沒有國外哪些指數可以參考？

天龍回覆：開盤前，當然最好先看看新聞，了解一下國際間的多空消息，判斷今天可能會走多還是走空。多空判讀大致可以觀察以下的資訊：❶ 國際股市及期貨的未平倉。❷ 參考美國股市（和台股連動性最大）。❸ 參考日韓股市（台股開盤會受影響）。❹ 注意國際財經新聞。❺ 看看昨天台指期的「夜盤」走勢。❻ 看看台股開盤前的「模擬試撮」。❼ 參考 8：45 期貨開盤情況。

台灣加權指數完全是由政府所編列的，包含了在台灣上市的所有股票。而老美卻沒有任何一個指數可以含括所有的上市公司，各大指數都是由不同的民營證交所依照自有的邏輯與方式編制，各有特色與重點，其中最具代表性的就是道瓊工業（DJIA）、那斯達克（NASDAQ）、標普 500（S&P500）、費城（SOX）半導體等四大指數。

費半有台積電 ADR，與台股關係密切

道瓊工業指數是藍籌股（又稱績優股、權值股）代表。標普 500指數包含美國 500 家上市公司。那斯達克指數，以科技股為主。費城半導體指數簡稱費半，為全球半導體業景氣指標，台積電的 ADR 也列於其中，與台股關係最密切，特別值得注意。

圖 7-1 美股四大指數比較

名稱	道瓊工業指數	標準普爾 500 指數	那斯達克指數	費城半導體指數
時間	1896 年	1957 年	1971 年	1993 年
性質	股價加權	市值加權	市值加權	市值加權
數量	30 家	505 家	3000 家以上	30 家
內容	美國具影響力 30 家公司，12 種類股	包括 11 大種類產業，主要為訊息技術、健康醫療、非必需性消費	高科技股為主	半導體產業為主
地點	紐約證交所	紐約證交所、那斯達克證交所	那斯達克證交所	紐約證交所、那斯達克證交所
特色	唯一股價加權指數，主觀考量較多	總市值最高，最貼近市場全貌	科技股為主，可以看出新科技的發展	台積電包括在內，可以觀察半導體產業發展
代表	蘋果、微軟、波音、迪士尼、麥當勞、可口可樂等	Apple、微軟、亞馬遜、摩根大通、特斯拉、Facebook、Google 等	蘋果、特斯拉、微軟、Facebook、百度、NVIDIA 等	英特爾、美光科技、高通、應用材料、艾司摩爾、德州儀器等

（製表：方天龍）

08. 如何看懂股市的行情？

粉絲提問：老師，我剛接觸股市，凡事莫衷一是，覺得大家都很厲害，到底如何看懂股市的行情呢？

天龍回覆：股市小白初接觸股市當然無所適從，我想最重要的首先應該要能看懂盤面 K 線的意義，例如日線圖上紅紅綠綠的顏色代表什麼？價量的表現意義、顏色如何區分？除此之外，還要能分辨股市的三個方向：上漲、下跌、盤整。簡稱：漲、跌、盤。

請看圖 8-1，日線圖展示的是每天股價的走勢變化，當一大堆 K 線連續走低，型態就自然形成「下跌」；連續走高，就形成「上漲」。但一段期間老是不漲不跌呢？那就叫做「盤整」或「橫盤」、「整理」。

K 線的價格和成交量的顏色有玄機

分辨行情方向並不難。但是，很多股票做了一兩年的朋友，都還可能不清楚 K 線的價格和成交量的顏色的意義。請看圖 8-2，以「萬海」（2615）為例，K 線價格的顏色並非「紅 K 線就是上漲、黑 K 線就是下跌」。真相是：收盤價高於開盤價是紅 K 線，收盤價低於開盤價就是黑 K 線。圖中從❶～❺都看似十字線，卻沒有一個是開、收盤價是一樣的，所以有紅 K 線，也有黑 K 線。但「成交量」的顏色標示就不一樣了，正是：「紅 K 線就是上漲、綠 K 線就是下跌」，至於和前一天同價，則以黑色來標示。

圖 8-1 股市的三個方向：上漲、下跌、盤整。

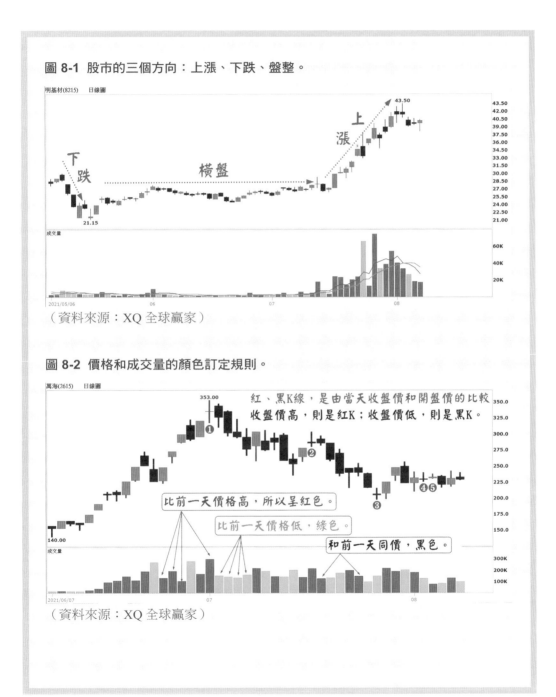

（資料來源：XQ 全球贏家）

圖 8-2 價格和成交量的顏色訂定規則。

（資料來源：XQ 全球贏家）

09. 如何看懂股價的變動單位？
什麼叫做「打 Tick」？

粉絲提問：老師，股價漲跌的階梯是怎麼區分的？常聽說「打Tick」是什麼意思？

天龍回覆：你說的是股價的「升降單位」，也叫「變動單位」、「跳動單位」。台股的交易制度，常隨時代改變而更新，所以我比較鼓勵買新書而捨舊書，因為舊書如果沒有經過修正，讀者常很容易受到誤導。

目前的股票升降單位，採 6 個級距方式，每股市價未滿 10 元者，股價升降單位為 0.01 元，10 元至未滿 50 元者為 0.05 元、50 元至未滿 100 元者為 0.1 元、100 元至未滿 500 元者為 0.5 元、500 元至未滿 1000 元者為 1 元、1000 元以上者為 5 元。

「打 Tick」是微利就完成的當沖「價差交易」

至於「打 Tick」是做當沖的人常說的習慣語。Tick 指的是股票升降單位的「級距」變化。當沖是做「價差交易」，有一種是只做超短線的，通常在上下五檔之內就完成交易。另外一種是著重趨勢的「日內波操作」（一日之內波段式的操作），要股價波動在獲利 1% 以上才完成交易。怎麼打 Tick？例如高價股買 100 元，101 元就賣。因為價差極小、搶了就跑、成功率高，是建立在現股當沖的稅減半之上；但 ETF 當沖並沒有在交易稅減半的優惠範圍，所以 ETF 就不適合當沖交易。這點要知道才行。

圖 9-1　新制股價的升降單位

股價的升降單位		
	每股市價	股價漲跌最小單位（元）
一般股票	小於 10 元	0.01 元
	10 元～未滿 50 元	0.05 元
	50 元～未滿 100 元	0.1 元
	100 元～未滿 500 元	0.5 元
	500 元～未滿 1,000 元	1 元
	1,000 元以上	5 元
ETF	未滿 50 元	0.01 元
	50 元以上	0.05 元

（資料來源：台灣證券交易所）

圖 9-2　舉實例說明股價級距的變化

	每股市價	股名		股價漲跌最小單位（元）	上下兩檔的價格
股價級距的變化	小於 10 元	中工	8.9 元	0.01 元	8.89／8.91
	10 元～未滿 50 元	明基材	39.8 元	0.05 元	39.75／39.85
	50 元～未滿 100 元	美琪瑪	95.9 元	0.1 元	95.8／96
	100 元～未滿 500 元	中美晶	182 元	0.5 元	181.5／182.5
	500 元～未滿 1,000 元	寶雅	570 元	1 元	569／571
	1,000 元以上	大立光	2740 元	5 元	2735／2745

（製表：方天龍）

10. 什麼叫做「集合競價」？叫做「逐筆撮合」？

粉絲提問：老師，什麼叫做「逐筆撮合」？現在還有「集合競價」嗎？

天龍回覆：股市小白可能比較不知道，台股在 2020 年 3 月 23 日之前，是採取「集合競價」方式撮合股市交易的。後來才改成現在的「逐筆撮合」制度。

所謂「逐筆交易」，簡單地說，就是每秒鐘即時交易。在盤中，只要有人一下單，就會立刻進行撮合。說實話，連一些資深的投資人玩了幾年股票，仍然不知道我們過去的「集合競價」是每 5 秒撮合一次。由於過去的股價是每 5 秒撮合一次，所以股價不是隨時都在跳，而是每 5 秒才會看到新價格。自從 2020 年 3 月 23 日開始實施「逐筆交易」制度之後，成交速度變得超快的，所以很多人會一時無法適應。

台股現制是「集合競價」和「逐筆撮合」並存

「逐筆交易」是一種「盤中」的撮合機制，所以盤中無法盯盤的人，就感受不到這種成交速度奇快無比的變化。但是，因為現行的大多數國際股市都已採用「逐筆交易」，台股也想與國際接軌而採用這個制度，所以只能自己設法適應了。但是，目前「集合競價」仍存在於開盤及收盤時段。只有盤中時段上午 9 時到 13 時 25 分實施「逐筆交易」。

圖 10-1 台股的「逐筆撮合」與「集合競價」制度並存

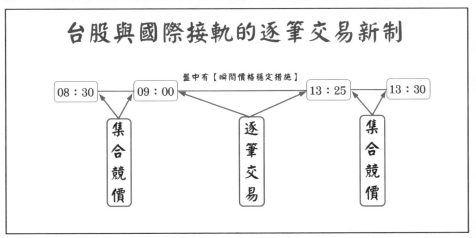

（製表：方天龍）

圖 10-2 逐筆撮合買賣申報優先順序

逐筆撮合買賣申報優先順序		
1	價格優先原則	「較高買進價」優先於「較低買進價」，「較低賣出價」優先於「較高賣出價」。如果價格相同，就看誰的申報時間較早。
2	時間優先原則	開盤前輸入的，會優先於開盤後輸入的。開盤前是隨機排列決定優先順序，開盤後就看誰的申報時間較早。

（製表：方天龍）

11. 「逐筆撮合」速度這麼快，我們怎麼辦？

粉絲提問：老師，我每天看盤時眼睛都好累，怎麼會跳動得這麼快呢？怎麼做才好？

天龍回覆：「逐筆撮合」與「集合競價」最大的差異是撮合方式，過去「集合競價」要等 5 秒讓這期間所有的委託一起撮合，這樣會導致即使最後一個進來的委託，也可能因為比較高價而優先成交；而現在「逐筆交易」則是我們每下一筆委託單後，立刻會進行撮合，只要委買委賣價格符合條件即可成交，所以一筆委託單可能在瞬間產生多個成交價格，於是成交筆數大增，交易效率比集合競價更高。

逐筆撮合後，有時股價會瞬間波動劇烈，造成你想不到的損失（例如一下就軋到漲停板或殺到跌停板），所以官方有個「穩定措施」：從開盤 9：00 第一次撮合後，到 13：20，只要瞬間超過 3.5％漲跌幅，就會發出「延緩撮合 2 分鐘」的訊號，然後改以集合競價撮合，接著才恢復為逐筆交易。（見圖 11-2）

分批掛價，要加大價格間隔

逐筆交易對中長線的投資人沒什麼影響，但對當沖客來說，就必須「眼明手快」。天天盯盤的人從「交易明細」的跳動，就可以感受到其中的快速變化。根據筆者的經驗，分批掛價的話，最好每一筆的價格間隔大一點，否則可能一批掛單會幾乎同時成交，讓你想改價都來不及。

圖 11-1 面對「逐筆撮合」快速成交的對策

	面對快速成交的對策
1	排除雜務，專心看盤，操作動作要敏捷一點。
2	電腦的基本配備要加強，網路速度更要提升。
3	事先的交易掛價，如果分批買賣，每一筆的價格間隔要大一點，否則可能一批掛單會幾乎同時成交，讓你想改價都來不及。
4	做當沖時，如果做多，最好買進後，就預掛賣出單；如果放空，最好也先預掛回補單。（可隨時修正）
5	老手可利用程式自動下單。

（製表：方天龍）

圖 11-2 「股市瞬間價格穩定措施」的案例（以「明基材」為例）

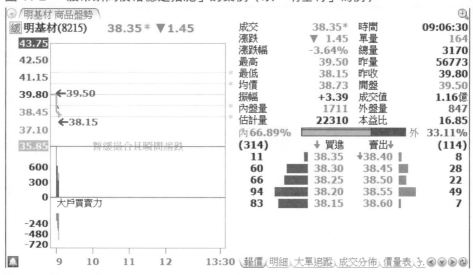

（資料來源：XQ 全球贏家）

12. 怎麼看開盤前的「試撮」？

粉絲提問：老師，每天開盤前的「模擬試撮」是什麼呢？為什麼到正式開盤以後，完全不一樣了呢？

天龍回覆：「模擬撮合」是指在台股開盤前的上午 8：30～9：00和收盤前下午 1：25～1：30，這兩個時段因為採用集合競價，任何人都可以掛買賣單，但在開始撮合前可以收回，並不一定真正成交，所以叫做「試撮」。

模擬試撮，本來是讓大家有個心理準備，知道開盤以後可能的變化。如果昨天已掛預約單的人可以因試撮實況有異而及時修正。但是，後來卻被不少主力利用來虛掛假單，明明當天準備出貨卻故意掛大量的漲停板買進單，造成虛假的行情，而讓散戶期望落空。這種障眼法，讓不少新手誤判了行情、蒙受損失。官方已準備設置「盤前 X分鐘內不得取消掛單」的規定來遏止歪風，據說最快也要到 2023 年才會上路。

官方收網嚴管，試撮會越來越難作假

大戶利用試搓掛漲停、跌停大單，騙散戶追高殺低，官方的對策是把原「盤中瞬間價格穩定措施」的時間為開盤第一筆成交價格產生後，至收盤前 10 分鐘，改為延長至收盤前 5 分鐘。同時，每周最後交易日下午，就當周每日委託人歸戶後的開盤前及收盤前二分鐘，對任一有價證券異常大量委託後撤銷，累積張數達「認定標準者」列為篩選對象，若一直下假單，可能會被採取五個營業日的預收款券。

圖 12-1 上午 8 時半主力在試撮中大量要買漲停價。

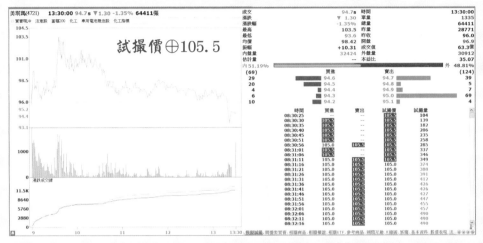

（資料來源：XQ 全球贏家）

圖 12-2 上午 9 時正式的開盤價瞬間變成 96.9。

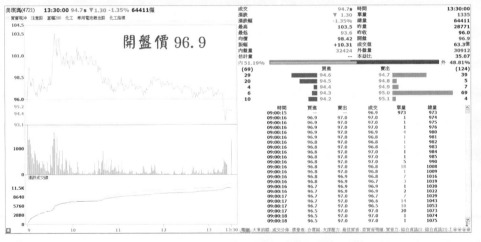

（資料來源：XQ 全球贏家）

13. 「最佳五檔買賣委託」怎麼看？

粉絲提問：老師，盤中 5 檔報價怎麼看呢？怎麼判斷主力的動作？

天龍回覆：盤中最佳上下 5 檔的掛單，是委買、委賣的資訊，並非成交的價量，難免有真有假。尤其小型股，往往可以看出主力的心態和作為，參考性較大。而大型股或量大的個股，比較不易受單一主力影響，可信度較高。但因財力雄厚的外資大咖也不少，5 檔報價有時也可能受到部分主力操控，仍需要明辨。

最常見的主力手法，就是他要賣出大單的時候，通常不會掛出來，而是會先在委買單（內盤）的下面幾檔掛大量買單（因為不會立刻成交），這樣就會讓散戶以為該檔股票「主力防守得很好」，而在最上面的委買單上掛單，結果就被主力賣給他了。同時，當主力要進貨時，也是一樣模式的反向操作。

從掛單的位置，可以判斷主力的心態

我們舉例來說明主力是怎麼掛單的。請看圖 13-1，A 股的左邊的委買掛單中，141、140.5、140 這三檔都掛有大量的買單，這表示主力是真心在防守，因為 141 很容易被賣下來，所以是屬於「積極性的防守」動作。再看圖 13-2，B 股的內盤掛單中，是掛在比較底下的（不易成交），這就表示主力未必真的想要買進，而是引誘散戶掛單在他的大單之上，以便他賣給你。

圖 13-1 A 股的最佳五檔的委買、委賣掛單情況

內 61.73%				外 38.27%
(607)		買進	賣出	(740)
120		141.0	141.5	59
170		140.5	142.0	85
223		140.0	142.5	245
28		139.5	143.0	123
66		139.0	143.5	228

（資料來源：XQ 全球贏家）

圖 13-2 B 股的最佳五檔的委買、委賣掛單情況

內 56.01%				外 43.99%
(4985)		買進	賣出	(6719)
141		37.75	37.80	233
819		37.70	37.85	838
1272		37.65	37.90	806
915		37.60	37.95	1612
1838		37.55	38.00	3230

（資料來源：XQ 全球贏家）

14. 「新手運」是什麼？
怎麼開始買第一張股票？

粉絲提問： 老師，人家常說新人買股票都會賺錢，我怎麼出師就不利了？到底該怎麼開始買股票？

天龍回覆： 新手買股票所以會賺錢，通常都是朋友指點的多。早年我買的第一張股票「亞泥」，也是因為在證券商（俗稱號子）現場，於熱鬧的人氣中選擇熱門股，並以基本面為主。

但是，經過多年接觸股市之後，我才悟出基本面都是落後指標，惟有技術面＋籌碼面才是獲利妙方。先從技術面看它的位階高不高，再從籌碼選股，並檢視一下基本面。這是「螳螂捕蟬、黃雀在後」的買股法，因為「營收好」等話題性的利多，自有法人和主力評估、看上並且操作，這時技術指標便可以看出玄機。

先充實自己的知識，走一條正確的路

新手如何開始買第一張股票？有些老手會戲謔地說：「看××投顧老師的電視節目，然後反著做就可以了。」其實這是比較進階的指導，新手根本無法辨別對錯，但因如今類似節目太多，很多新手容易聽這種明牌而被坑（投顧老師都是把漲幅最大的股票拿出來講，新手容易因追高而被套牢）。

我認為不要急於出手，「不教而戰，是謂棄之。」先把本書內容和另一本拙著【100張圖搞懂獲利關鍵】（財經傳訊出版）讀熟之後，自然就會有正確的思維和動作。

圖 14-1　推薦新手的好書之一

（資料來源：財經傳訊出版社）

圖 14-2　推薦新手的好書之一

（資料來源：財經傳訊出版社）

15. 不聽明牌，如何訂定自己的選股策略？

粉絲提問：老師，您常要我們別聽明牌，要自己選股。可否告知正確的選股策略？

天龍回覆：可以看電視、看報紙，增廣見聞，但不要從媒體聽明牌、做股票，因為當股票「利多」出來的時候，通常內部人士、知情大戶早就介入，股價早已反映利多，接下來往往沒「肉」可吃了。

「選時」重於「選股」。請看圖 15-1，「台積電」（2330）貴為台灣的「護國神山」，沒有人敢說它不是台灣最好的公司，從 2020 年下半年起，媒體幾乎一面倒的讚賞這家公司的國際地位和「資本支出」的未來潛力，甚至說它至少可以上「千元俱樂部」。可是，到了今年初（2021 年）股價來到 679 元之後，已經 8 個多月了，股價一直在盤整。如果你在此時再選它，就看不到股價的上漲氣勢了。甚至專家也終於冷靜地改口說：股價已經充分反映利多了。摩根士丹利（大摩）甚至把目標價從 655 降評為 580 元。

選股宜從 60 月線觀察、20 日線著手

新手選股，最好先買績優股、成長股、熱門大型股，對股票較熟悉以後，才去找飆股、冷門轉機股。至於如何選時呢？從技術面著手。請見圖 15-1，先打開月線圖，當一檔股票向上突破 60 月的時候。短線選股，則看圖 15-2 的例子「和康生」（1783），從日線圖找價量齊揚、突破 20 日線的日子進場。

圖 15-1 「台積電」（2330）最佳買進時刻是在 2011 ～ 2015 年之間

台積電最適合買進的時刻
是2011~2015年之間。

（資料來源：XQ 全球贏家）

圖 15-2 以「和康生」（1783）為例，2021 年 7 月 14 日是最佳買進時刻

（資料來源：XQ 全球贏家）

16. 什麼叫做「糾結」？
什麼叫做「突破」、「跌破」？

粉絲提問：老師，什麼叫做「糾結」？怎麼才算是突破和跌破呢？

天龍回覆：以日線圖來說，每一根 K 線代表一日行情。5 日、10 日、20 日均線，就代表最近 5 天、10 天、20 天投資人的平均成本價格。這三條均線如果很貼近、密合，就表示這段期間大部分投資人成本都差不多。於是均線就形成橫盤，不上也不下，彷彿麻花糖似的糾結在一起，所以我們就說是「均線糾結」。

看實例比較容易懂。請看圖 16-1，從 ❶ 到 ❷ 之間這段日子，均線都是「糾結」在一起的，所以行情是沒有什麼變化的。但是 ❸ 這一天，它的股價卻突然高於 5 日、10 日、20 日這任何一條均線，也就是它突破了 5 天、10 天、20 天投資人的平均成本價格，從此趨勢就改變了。三均線拉得越開，股價就越上漲，所以，突破均線之後，趨勢就一直向上發展，形成多頭型態。

股價站上均線是多頭，跌下均線是空頭

再請看圖 16-2，從 ❶ 到 ❷ 之間，均線也是「糾結」的，也在橫盤中。但是 ❸ 這一天，一根長黑造成收盤價低於 5 日、10 日、20 日這任何一條均線，也就是它跌破了 5 天、10 天、20 天投資人的平均成本價格，從此趨勢就改變成向下了，所以，當跌破均線糾結之後，就形成空頭的型態了。

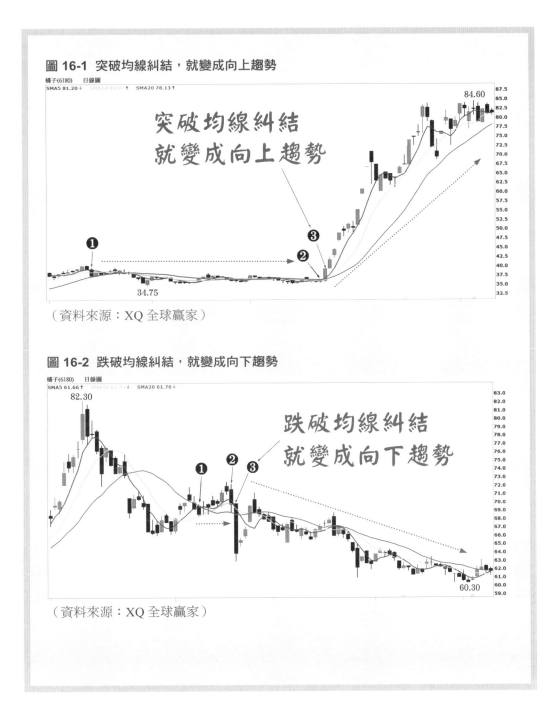

圖 16-1 突破均線糾結，就變成向上趨勢

突破均線糾結
就變成向上趨勢

（資料來源：XQ 全球贏家）

圖 16-2 跌破均線糾結，就變成向下趨勢

跌破均線糾結
就變成向下趨勢

（資料來源：XQ 全球贏家）

17. 什麼叫「左邊有一座山」？
什麼叫「左低右高」？

粉絲提問：老師解盤時說到「左邊有一座山」、「左低右高」，那是什麼意思呢？

天龍回覆：我們的日線圖都是由左向右發展的，它的「時間軸」就是由左至右。最右邊的一根 K 線，就是今天的行情。假如較早的日期它的價格都比今天的價格高很多，那麼它的價格都會形成如山一般高的「壓力區」。如果有人在那些高價區日期買進的人，那麼以今天較低的價格來衡量，無疑就是被套牢了。

這些被套牢的投資人不甘損失，遇到未來股價上漲，就會忍不住尋求解套而把股票賣出。當這些套牢者的「集體共識」形成時，那麼對股價的向上發展便極為不利，因為賣壓重重，股價要想攻堅就非常困難。所以，當「左邊有一座山」時，在選股上就儘量避開比較好。

左低右高的個股，比較適合做多

那麼，選什麼樣的股票，比較容易上漲呢？選「左邊低、右邊高」型態的股票，就比較沒有賣壓。右邊高，代表較早一段期間買進股票的人都已經賺錢了，所以他們就比較不急於賣出股票。那麼只要有主力用力拉抬，股價就會在上攻的過程中就沒有阻力。這和「均線多頭排列」的意思一樣。選擇多頭排列的股票，也表示近期投資人都是賺錢的。

圖 17-1 「左邊有一座山」的圖示說明

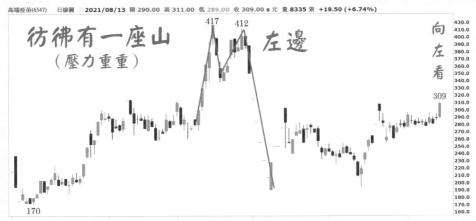

（資料來源：XQ 全球贏家）

圖 17-2 「左低右高」是多頭型態

（資料來源：XQ 全球贏家）

18. 什麼叫做「拉尾盤」？這對交易有什麼影響？

粉絲提問：老師，什麼叫做「拉尾盤」，它對股市或次日有什麼影響呢？

天龍回覆：就跟「玩」股票一詞一樣，「拉」尾盤也是台灣特有的習慣語。但是，全球股市只要有人為炒作的可能，就會有主力在盤尾用大筆資金把股價拉高的動作，這就是「拉尾盤」的意思。

主力為什麼要這麼做呢？有很多可能：❶ 盤中可能已經吃貨差不多了，一舉把股價拉高，可脫離他的成本價。❷ 尾盤才拉，效果較好，可節省不少銀子。❸ 展示做多信心，讓股價收當天最高價，有利次日出貨。❹ 可能是預知有重大利多即將公布，所以大量吃貨。❺ 大盤不佳，主力或法人為持股護盤。

尾盤作價，次日的結局不一定上漲

請看圖 18-1 和圖 18-2，「新鋼」（2032）和「陽明」（2609）在「分時走勢圖」中的表現，都有「拉尾盤」的作價跡象。至於「拉尾盤」對於次日的走勢會有什麼影響？筆者曾經做過大量的研究，結論是並沒有必然一定會「上漲」或「下跌」。如果拉抬股價的人是隔日沖大戶，次日即使有高點，卻未必能收高股價。當次日大盤非常偏空的時候，由於主力前一日拉尾盤已經脫離他的成本價，第二天也可能從平盤就直接出貨。所以次日追高的人極容易被套牢，這是「股市小白」不可不注意的陷阱。

圖 18-1 「新鋼」（2032）拉尾盤

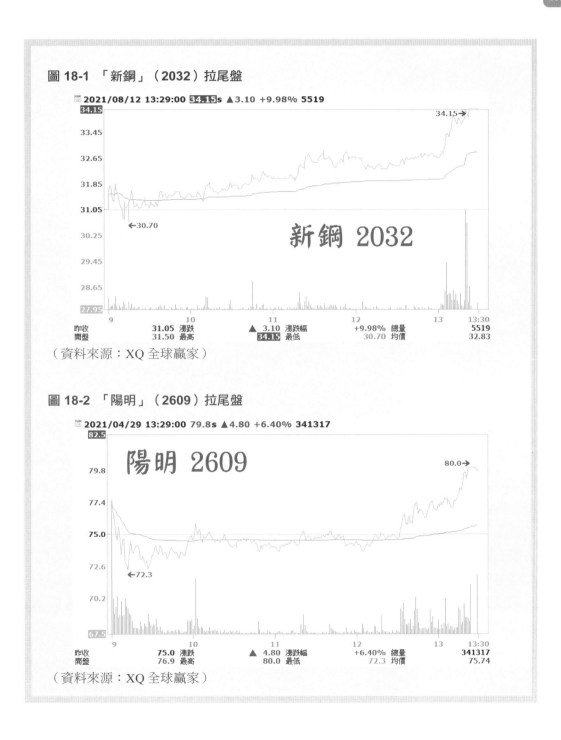

（資料來源：XQ 全球贏家）

圖 18-2 「陽明」（2609）拉尾盤

（資料來源：XQ 全球贏家）

19. 「股市小白」
如何獲得作者方天龍的協助？

粉絲提問：老師，我是小白，每次看國際大師的書總是一個頭兩個大，好艱深難懂哦，怎麼辦呢？

天龍回覆：很多人買那些翻譯著作，多半只是想要向友人炫耀自己多有學問，所以常在群組貼出國際大師著作的封面，其實本身未必真的吸收到其中的精髓；至於有些本土名人高手，有時是會做不會講，或文字表達能力不強，所以您會感到茫然無助。回憶我剛出道時寫信給一些作者請益，也多半沒有回音。

筆者與股市接觸的年代很早，在報社服務期間就因編股票版而接受長期的在職訓練，股市的崩盤也曾經歷過了。當年因為不缺錢，所以只把股票之學當成工作而已，何況報社嚴格要求不准與主力掛鉤，所以離職之後，才有機會近身接近主力，從而了解其真實操作思維和手法，加上十年來的專心鑽研籌碼之學，總算能對股市內幕瞭如指掌。「學習」真的需要有朋友，孤軍奮戰，等於是閉門造車。

找對門路，股市不再是寂寞不歸路

其實，從看書去學習是最省錢的，但坦白說，高手因為有基礎，再深奧、詞不達意的作者語言的書也容易弄懂，但股市小白卻難免有所隔閡。換位思考，方天龍願意協助您從新手慢慢變成高手。請從我的臉書過來，與我保持聯絡，或參加我的「天龍特攻隊」免費群組，就可以獲得協助。

圖 19-1 股市小白取得方天龍協助的路徑

先找到方天龍的臉書：https://www.facebook.com/profile.php?id=100010871283091

一、從「私訊」發出訊息給方天龍。
二、方天龍會請您填資料，並根據您的ID，加為LINE好友。
三、審核通過，會邀請您進入「天龍特攻隊」免費群組。

方天龍常用信箱：robin999@seed.net.tw

（製表：方天龍）

圖 19-2 凡事請直接向方天龍本人求證

詐騙集團冒名開課，請讀者明辨	
1	方天龍目前並未創立任何臉書社團，若有類似名稱，都是仿冒品。
2	「方天龍講座」一年只辦兩次，且限方天龍建檔有案的「建檔讀者」才能上課。
3	參加「天龍特攻隊」免費群組，必須填具實名制的資料，經過審核才能進來。
4	「天龍特攻隊」群組成員素質優良、高手如雲，參加者互相激勵，增進學習效果。
5	方天龍不會公開留ID、請您加LINE好友。臉書常有人留言給你，多半是詐騙。
6	方天龍很好找，也很樂意協助您。但請務必從「臉書私訊」進來與我聯絡上。
7	凡事請直接向方天龍本人求證，就不會上當。
8	過去有人並未與方天龍聯絡，自作主張被騙去玩港股，結果傾家蕩產慘賠。
9	方天龍只專注台灣股市，並未涉及陸股、港股，不要因貪心被詐騙集團所利用。
10	詐騙集團冒用方天龍名義開課，已經在警方和稅捐單位追查中，當心坐牢！

（製表：方天龍）

第 **2** 篇

常見的交易常識淺釋

20. 什麼叫做「牛市」、「熊市」？

粉絲提問：老師，牛和熊難道是死對頭嗎？為什麼叫做「牛市」和「熊市」？

天龍回覆：據說美國西部拓荒時代，有一群牛仔喜歡在閒暇時用動物一決高下，有賽馬、鬥牛等等，而最引人注目的是抓來灰熊與悍牛一鬥，讓圍觀者下注作為娛樂，牛熊因而成為冤家、死對頭。

索羅斯曾說，炒股就像動物界的森林法則，弱肉強食。而我們從森林搏擊中也可以看到，牛的角往往是朝上的，甚至在打鬥攻擊時都是兩眼向上，角則由下往上頂，這用來形容股市「行情往上」非常合理。再從牛的特性來說，牛在野外都聚集成群、氣氛熱絡，所以明顯是「牛氣沖天」的多頭市場。

至於用熊來形容空頭市場，是因為熊在攻擊時都是兩眼向下，一雙熊掌更會往下撲擊，且熊都喜歡形單影隻、獨自獵食，這正好說明熊市人人隔岸觀火，導致成交量小、低迷不振的情況。

以動物形容股市，文人屢有創新發明

除此之外，也有人用猴子、馴鹿、老虎，來形容「猴市」（蹦蹦跳跳、大幅振盪）、「鹿市」（平緩行情，但短線投機氣氛濃厚，因鹿小心謹慎、在不安中容易拔腿就跑）、「虎市」（虎視眈眈、有極大的風險）等等，總之，這都是茶餘飯後，騷人墨客用動物行為來作為談笑的材料而已。

圖 20-1 美國紐約市華爾街著名的銅牛。

（資料來源：搜狗共享圖片）

圖 20-2 法蘭克福證交所門口的熊銅像。

（資料來源：搜狗共享圖片）

21. 大多頭、大空頭時期，有什麼特徵？

粉絲提問：老師，可否以台股為例，講解一下大多頭和大空頭的情況？

天龍回覆：從宏觀的角度來看，1987 年 1 月至 2021 年 7 月，台股可說就是一個大多頭，因為從來沒有一次大波段的低點是「破底」的。但是，在這樣的行情中，也有三個小階段可以說是崩盤了，指數跌得非常重。

請看圖 21-1，如果以「大波段」來看，1987 年 1 月到 1990 年 2 月，可以說是一次大多頭時期，因為指數從 1039 漲到 12,682 點（❶）。當年沒有電腦下單，多半都在「號子」（證券商）看盤，人氣鼎盛，討論股票氣氛熱烈，突破 4、5 千點時，現場還有人開香檳慶祝，那是「台灣錢淹腳目」的年代。從 ❽ 到 ❼，即 2020 年 3 月的 8523 漲到 2021 年 7 月的 18,034 點，也是一個線型非常陡峭的大波段行情。大多頭的誕生，多半是資金行情造成的，熱錢湧入，然後大街小巷人人愛談論股市，這是大多頭的特徵。

多空不變，人氣冷熱互換明顯

再看圖 21-2，從 ❶ 到 ❷、❸ 到 ❹、❺ 到 ❻，台股各有一次股災，原因分別是總統政爭激烈、政黨首次輪替、雷曼兄弟金融危機，無不因影響社會人心巨大，而導致股市崩盤。大空頭的特徵就是：許多人賠得傾家蕩產；許多人隔岸觀火，不樂意投資。因而接手無力、成交量變小。

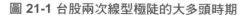

圖 21-1 台股兩次線型極陡的大多頭時期

加權指數(TSE)　月線圖
SMA60 11605.67↑

2021年7月18034 **❼**

1990年2月
12682
❶

2000年2月
10393
❸

2007年10月
9859
❺

❽
2020年3月
8523

❷ 1990年10月2485

❹ 2001年9月3411

❻ 2008年11月3955

1039

1987/01　1990　1992　1994　1996　1998　2000　2002　2004　2006　2008　2010　2012　2014　2016　2018　2020

18279.00
17602.00
16925.00
16248.00
15571.00
14894.00
14217.00
13540.00
12863.00
12186.00
11509.00
10832.00
10155.00
9478.00
8801.00
8124.00
7447.00
6770.00
6093.00
5416.00
4739.00
4062.00
3385.00
2708.00
2031.00
1354.00
677.00

（資料來源：XQ 全球贏家）

圖 21-2 台股三次崩盤的大空頭時期

加權指數(TSE)　月線圖
SMA60 11605.67↑

2021年7月18034 **❼**

1990年2月
12682
❶

2000年2月
10393
❸

2007年10月
9859
❺

❽
2020年3月
8523

❷ 1990年10月2485

❹ 2001年9月3411

❻ 2008年11月3955

1039

1987/01　1990　1992　1994　1996　1998　2000　2002　2004　2006　2008　2010　2012　2014　2016　2018　2020

18279.00
17602.00
16925.00
16248.00
15571.00
14894.00
14217.00
13540.00
12863.00
12186.00
11509.00
10832.00
10155.00
9478.00
8801.00
8124.00
7447.00
6770.00
6093.00
5416.00
4739.00
4062.00
3385.00
2708.00
2031.00
1354.00
677.00

（資料來源：XQ 全球贏家）

22. 股市多空循環，大約多久會有一個周期？

粉絲提問：老師，聽說股市也有輪迴？那麼，多空循環，大約多久會輪到一個周期？

天龍回覆：一般命理學都說，人的「命」是天生的，可是「運」卻是後天造成的。人一生的命運大約十年輪迴一次，換句話說，每十年就會有一個大運，每五年就會有一個小運。股市由於多空的景氣循環，也一樣會有「樂極生悲」、「否極泰來」的輪迴變化。尤其傳產股更有此一特色。「孔雀東南飛，五里一徘徊」。這首古詩描寫是一個悲情的故事。台股由空轉多或由多轉空也有一個周期，大約是5-10 年。

舉例來說，「陽明」（2609）便是一個典型的傳產股，由於「塞港事件」、「漲價風潮」的小小機緣，改變了它的命運。在過去的資料中，陽明可是連續 10 年未發股利的公司。但是到了 2020 年的下半年起，它的營收、毛利率都有驚人的成長率（請看圖 22-1、圖 22-2），可謂「十年風水輪流轉」。

十年風水輪流轉，陽明景氣大波動

在 2020 年下半年以前，陽明是個年年虧損的公司，所以給不出股利。但是，景氣循環股會「風水輪流轉」，一般就是會跟著景氣波動，這是「總體經濟」的概念，基本單位都以「年」為計算單位，因而當營收、毛利率暴增，市場願意給予的本益比倍數，自然與科技類股這一類「非景氣循環股」不一樣。

圖 22-1 陽明的營收成長率暴增

（資料來源：XQ 全球贏家）

圖 22-2 陽明的毛利率成長率暴增

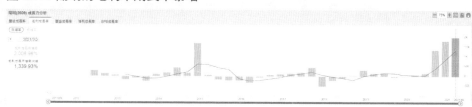

（資料來源：XQ 全球贏家）

23. 什麼叫做「轉機股」、「投機股」、「地雷股」?

粉絲提問:老師,「轉機」和「投機」有什麼不同?什麼情況會是「地雷股」?

天龍回覆:2020 年台股漲到 14,000 點,本益比大約 22 倍,2021 年 7 月 15 日漲到 18,034 點,本益比卻降到 18 倍,為什麼呢?主要是強勁的企業成長有所支撐,因此而造就許多的「轉機股」。

轉機股是整體產業環境轉好,或因營收有大成長、預期未來會越來越好的公司。投機股是指那些沒有本質,卻容易被投機大戶操縱而使股價暴漲暴跌的股票。至於「地雷股」是指隱藏了財務危機甚至因而倒閉的上市櫃公司的股票。一檔飆股可能具備了三種情況,就看你會不會分辨。

轉機、投機、地雷股,都有因果關係

請看圖 23-1,「國巨」(2327)近年的月線圖顯示,原本是雞蛋水餃股的國巨,連續四次現金減資,加上基本面好轉、產業結構改變,一度成為轉機股、飆上 1,310 元,但過度飆漲之後,就成為投機股,經過一年多,已跌到 203 元了。不過,它仍在 60 月線之上,所以至今並沒有成為地雷股。

目前已下市的「樂陞」、「博達」,都是地雷股,起因於績效造假、公司被掏空,隱藏太多財務危機。避開「地雷股」,要注意獲利持續惡化、負債比超過 50%、董監事質押比超過 40%以上的股票等等因素。

圖 23-1 「國巨」（2327）近年的月線圖

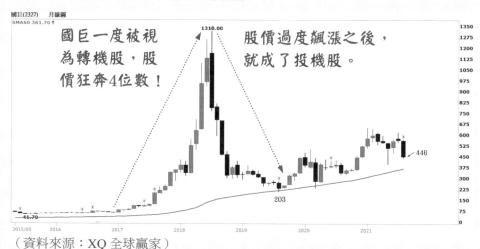

（資料來源：XQ 全球贏家）

圖 23-2 避開地雷股可能的原因

	避開地雷股可能的原因
1	提防公司財務報表虛增盈餘（含虛增營收、虛報存貨價值等）。
2	提防公司虛設行號、關係人交易。
3	提防公司掏空資產。
4	提防公司高價買進或賤賣公司資產。
5	提防公司挪用資金炒股（一旦失利，就很危險）。
6	提防公司獲利持續惡化、每況愈下。
7	提防公司負債比超過 50％，要深究原因。
8	提防公司董監事質押比超過 40％，要深究原因。

（製表：方天龍）

24. 什麼叫做「價值投資」?

粉絲提問：老師，我朋友常自許是「價值投資論」的信徒，到底什麼是價值投資？

天龍回覆：價值投資是投資策略的一種，最早是由班傑明‧葛拉漢和大衛‧多德所提出。相對於「趨勢投資法」的價值論，它偏重的是基本面，例如高股息收益率、低本益比（P/E，股價/每股淨利潤）和低市淨率（P/B，股價/每股淨資產），去尋找並投資於一些股價被低估的股票。

葛拉漢的學生華倫‧巴菲特，是目前最被「價值投資論者」推崇的成功人士。我們用比較具體的概念來說明他的投資條件：❶ 近 5 年，每年的每股盈餘（EPS）都大於 1 元。❷ 近 12 個月每股營收大於 1.5 元。❸ 股價淨值比小於 1.5。❹ 近 4 季股東權益報酬率大於 5%。❺ 最近 5 年毛利率每年都大於 10%。

實例驗證選股結果，長期績效不錯

我們用前述的條件在 2021 年 8 月 20 日盤後輸入程式選股的結果，會有 50 檔產生，您將無從選擇。若增加技術面「股價大於季線」的條件，就可過濾成 12 檔：燦坤（2430）、宏盛（2534）、潤泰全（2915）、總太（3056）、世禾（3551）、國精化（4722）、嘉彰（4942）、遠雄（5522）、光菱（8032）、晶采（8049）、新保（9925）、潤泰新（9945）。這些股票基本上都是比較適合長期投資的，不要在乎一兩天的漲跌。

圖 24-1 價值投資股的「潤泰全」（2915）長期走勢

（資料來源：XQ 全球贏家）

圖 24-2 價值投資股的「潤泰新」（9945）長期走勢

（資料來源：XQ 全球贏家）

25. 怎麼判斷一個公司好壞？
優質的基本面有哪些條件？

粉絲提問：老師，「價值投資」既然需要公司好，那麼一家公司的基本面算不算優質，怎麼觀察？

天龍回覆：一家公司的好壞，和股價飆不飆漲，往往是兩回事。好公司基本上是不炒作股價的，正經的公司派人士通常也不和主力掛鈎。專注本業的公司，才具備競爭力！

好公司，最好是老公司，這表示成立時間久，各種資訊都比較透明，尤其是大型權值股，不太容易被某一些主力控制，流動性也很好，基本面也比較容易被官方或輿論界監管。我們可以從它的財務報表的營收、自由現金流、股東權益報酬率（ROE）等各種面向去加以觀察，那就八九不離十。

每年都配股息，才是優質的好公司

一家公司優不優質固然重要，但投資人最關心的仍是能不能幫他賺錢。於是，我們可以透露「每股盈餘」（每一股可以幫你賺進多少錢）、股東權益報酬率（巴菲特最重視這項數據），了解真實情況。尤其是股利政策也能看出一家公司的誠信，以及有沒有亂搞。優質的公司必須年年都發放股息。

請看圖 25-1，「台積電」（2330）所以不愧為台灣最優質的公司，從它連續 30 年都配發股利（合計 131.4 元），就可以看出來。近年來，每年還不只一次配發股利，甚至每一季都配發！

圖 25-1 「台積電」（2330）的股利政策

*連續30年配發股利, 合計131.4元　　　　　　　　顯示依據：股利發放年度　匯出XLS　匯出HTML

股利發放年度	現金股利 盈餘	現金股利 公積	現金股利 合計	股票股利 盈餘	股票股利 公積	股票股利 合計	股利合計	現金(億)	股票(千張)	填息花費日數	填權花費日數	股價年度	最高	最低	年均	殖利率 現金	殖利率 股票	殖利率 合計	股利所屬期間	EPS(元)	配息	配股	合計
2021	10.5	0	10.5	0	0	0	10.5	2,723	0	-	-	2021	679	518	597	1.76	0	1.76	21Q2~20Q3	21.37	49.1	0	49.1
└	2.75	0	2.75	0	0	0	2.75	713	0	-	-	└	-	-	-	0.46	0	0.46	21Q2	5.18	53.1	0	53.1
└	2.75	0	2.75	0	0	0	2.75	713	0	-	-	└	-	-	-	0.46	0	0.46	21Q1	5.39	51	0	51
└	2.5	0	2.5	0	0	0	2.5	648	0	1	-	└	-	-	-	0.42	0	0.42	20Q4	5.51	45.4	0	45.4
└	2.5	0	2.5	0	0	0	2.5	648	0	13	-	└	-	-	-	0.42	0	0.42	20Q3	5.3	47.2	0	47.2
2020	10	0	10	0	0	0	10	2,593	0	-	-	2020	530	235.5	379	2.64	0	2.64	20Q2~19Q3	17.55	57	0	57
└	2.5	0	2.5	0	0	0	2.5	648	0	1	-	└	-	-	-	0.66	0	0.66	20Q2	4.66	53.7	0	53.7
└	2.5	0	2.5	0	0	0	2.5	648	0	15	-	└	-	-	-	0.66	0	0.66	20Q1	4.51	55.4	0	55.4
└	2.5	0	2.5	0	0	0	2.5	648	0	1	-	└	-	-	-	0.66	0	0.66	19Q4	4.48	55.8	0	55.8
└	2.5	0	2.5	0	0	0	2.5	648	0	2	-	└	-	-	-	0.66	0	0.66	19Q3	3.9	64.1	0	64.1
2019	12.5	0	12.5	0	0	0	12.5	3,241	0	-	-	2019	345	206.5	262	4.78	0	4.78	19Q2~18Q1	18.48	67.6	0	67.6
└	2.5	0	2.5	0	0	0	2.5	648	0	11	-	└	-	-	-	0.96	0	0.96	19Q2	2.57	97.1	0	97.1
└	2	0	2	0	0	0	2	519	0	1	-	└	-	-	-	0.76	0	0.76	19Q1	2.37	84.4	0	84.4
└	8	0	8	0	0	0	8	2,074	0	6	-	└	-	-	-	3.06	0	3.06	2018	13.54	59.1	0	59.1
2018	8	0	8	0	0	0	8	2,074	0	20	-	2018	268	210	237	3.37	0	3.37	2017	13.23	60.5	0	60.5
2017	7	0	7	0	0	0	7	1,815	0	32	-	2017	245	179	210	3.33	0	3.33	2016	12.89	54.3	0	54.3
2016	6	0	6	0	0	0	6	1,556	0	3	-	2016	193	130.5	166	3.61	0	3.61	2015	11.82	50.8	0	50.8
2015	4.5	0	4.5	0	0	0	4.5	1,167	0	154	-	2015	155	112.5	140	3.22	0	3.22	2014	10.18	44.2	0	44.2
2014	3	0	3	0	0	0	3	778	0	90	-	2014	142	100.5	123	2.45	0	2.45	2013	7.26	41.3	0	41.3
2013	3	0	3	0	0	0	3	778	0	8	-	2013	116.5	92.9	104	2.88	0	2.88	2012	6.42	46.8	0	46.8
2012	3	0	3	0	0	0	3	777	0	49	-	2012	99.4	73.8	84.1	3.57	0	3.57	2011	5.18	57.9	0	57.9
2011	3	0	3	0	0	0	3	777	0	3	-	2011	78.3	62.2	72.1	4.16	0	4.16	2010	6.24	48.1	0	48.1
2010	3	0	3	0	0	0	3	777	0	11	-	2010	75	57	62	4.84	0	4.84	2009	3.45	86.9	0	86.9
2009	3	0	3	0.02	0.03	0.05	3.05	769	51.3	7	7	2009	65.2	38.7	55.5	5.41	0.09	5.5	2008	3.86	77.7	1.3	79
2008	3.03	0	3.03	0.02	0.03	0.05	3.08	-	-	3	3	2008	69.8	36.4	56.4	5.36	0.09	5.45	2007	4.14	73.1	1.22	74.3
2007	3	0	3	0.02	0.03	0.05	3.05	-	-	8	8	2007	73.1	57.4	65.5	4.58	0.08	4.65	2006	4.93	60.8	1.01	61.9
2006	2.5	0	2.5	0.15	0.15	0.3	2.8	-	-	43	43	2006	70	52.3	61.3	4.07	0.49	4.56	2005	3.79	65.9	7.91	73.9

（資料來源：台灣股市資訊網）

26. 股名後面有-KY的，是什麼樣的公司？可靠嗎？

粉絲提問：老師，有些股票的股名後面，都有一個-KY，這是什麼樣的公司呢？

天龍回覆：在 2016 年以前，這一類的股票都是 F 股，後來才改為 KY。KY 意思是在英屬開曼群島註冊的境外公司。這些境外公司過去從未在國外上市，且是第一次來台灣上市或上櫃，官方為了和其他的股票區分，所以在股名後面加上 KY 的代號。例如譜瑞-KY（圖26-1）近年股價從 300 多元一口氣漲到 1,825 元。

其實，很多公司原來都是本土的，但因開曼群島當地政局穩定、且不收所得稅，因此吸引不少企業去那兒註冊，只為避稅。甚至國際大廠可口可樂及英特爾等，也在那兒設立公司。至於我們投資人，如果投資 KY 公司股票，具有節稅的功用，由於屬於境外公司，KY 公司所發放的股利被歸納為海外所得。

-KY 公司被歐盟列黑名單，投資要考慮風險

但是，近年英屬開曼群島（圖 26-2），已被歐盟列為租稅不合作國家黑名單，歐盟也採取相關制裁措施，面對海外法規朝令夕改，恐影響台商營運計畫，風險日增。昔日的生技股王康友-KY（6452）由於公司高層紛紛請辭，導致股價一度創下連續 7 根跳空跌停，後來證交所也依規定暫停康友-KY 交易。這件事也傷及-KY 公司的形象。讓人覺得投資相關公司並不可靠。所以，選股不可不慎！

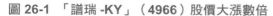

圖 26-1 「譜瑞 -KY」（4966）股價大漲數倍

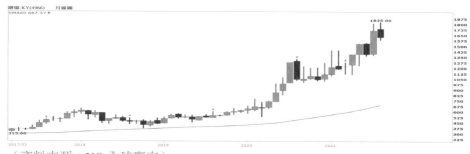

（資料來源：XQ 全球贏家）

圖 26-2 英屬開曼群島是國際知名的避稅天堂

（資料來源：搜狗共享圖片）

27. 股名後有-DR 的，是什麼樣的公司？可靠嗎？

粉絲提問：老師，有些股票的股名後面有個-DR，這是什麼樣的公司呢？

天龍回覆：DR（Depositary Receipts）是存託憑證的意思，在台灣發行 DR 存託憑證的公司就是在海外已經上市櫃，再回來台灣市場「二次上市」，因為想要募集台灣市場的資金，所以在台灣發行 DR 存託憑證。

為什麼要發行 DR 股（存託憑證）呢？一來是為了方便公司到海外募集資金，二來也為了打開當地市場知名度，三來也讓海外方便就地投資（直接買賣 DR，就跟股票交易方式相同）。當一家公司要在海外發行存託憑證時，要有國內銀行作股票的「保管機構」，以及國外銀行作「存託機構」。這就是「存託憑證（DR）」的流程。此外，在台灣「公開資訊觀測站」的「臺灣存託憑證收盤價彙總表」可以查看 TDR 收盤價的折溢價情況。請看圖 27-1，網址是：https://mops.twse.com.tw/mops/web/t132sb05_2

台股 TDR 股，都是 91 開頭

有些 DR 的前面還有一個字母，那個字母指的是地點，包括 ADR 美國存託憑證（例如台積電 ADR）、TDR 台灣存託憑證、CDR 中國存託憑證、EDR 歐洲存託憑證、GDR 全球存託憑證。其中，在台股市場的 TDR 股，股票代號都是 91 開頭。例如 910322 是康師傅-DR，9103 是美德醫療-DR，請看圖 27-2。

圖 27-1 國內上市公司發行海外存託憑證多彙總表

上市公司名稱	國際證券辨識號碼	上市地點	存託機構	保管銀行
台泥	TW0001101004	盧森堡	花旗銀行	第一商業銀行股份有限公司
聯電	TW0002303005	紐約	美國摩根大通銀行	美國摩根大通銀行
台達電	TW0002308004	盧森堡	美國紐約梅隆銀行	兆豐國際商業銀行
鴻海	TW0002317005	倫敦	美商花旗銀行	花旗台灣銀行
仁寶	TW0002324001	盧森堡	美國紐約梅隆銀行	兆豐國際商業銀行
國巨	TW0002327004	盧森堡	美商花旗銀行	美商花旗銀行-台北分行
台積電	TW0002330008	紐約	美商花旗銀行	花旗(台灣)銀行

（資料來源：台灣證券交易所）

（請自行上網址查詢：https://www.twse.com.tw/zh/page/trading/fund/FMGDRK.html）

圖 27-2 「91」字頭的存託憑證一覽表

存託憑證 ▼

商品	代碼	細產業
美德醫療-DR	9103	醫療耗材,其他醫療器材,個人保護用器材
康師傅-DR	910322	方便麵,非酒精飲料,食品加工,飲料相關
泰金寶-DR	9105	主機板,視訊轉換相關,消費性電子產品,週邊產品,印表機,3D印表機,硬碟相關,電子製造服務,電腦系統業
神州-DR	910861	運輸事業,物流業,系統整合,軟體業,應用軟體
越南控-DR	9110	機車,汽機車零組件,車輛整車
明輝-DR	911608	電線電纜,電力電纜,配電盤,電力設備
杜康-DR	911616	農林漁牧,農產品種植,白酒,飲料相關
泰聚亨-DR	911622	螺絲、螺帽,線材、盤元
同方友友-DR	911868	LED,LED照明產品,照明,家電
晨訊科-DR	912000	傳產其他,自動販賣機,通訊設備,手機,手機製造,通訊設備零組件,機器人,機械,地產,物業投資發展
友佳-DR	912398	工具機,工程機械,機械
巨騰-DR	9136	機殼,電子零件元件,鎂鋁合金外殼
精熙-DR	9188	模具沖壓,電子零件元件

（資料來源：XQ 全球贏家）

28. 股票的手續費和交易稅怎麼算？什麼叫「退佣」？

粉絲提問：老師，聽說在股票買賣的手續費和交易稅之外，還有一種「退佣」，那是什麼呢？

天龍回覆：投資台股「現股」買賣的交易成本，主要有兩項：手續費與股票交易稅。手續費的公定價格是 0.1425%，買進和賣出股票時各要收取一次。至於股票交易稅是 0.3%，如果投資 ETF 交易稅是 0.1%，僅在賣出時收取。

手續費雖有公定價，但近年投資人都用網路下單，對券商來說成本很低，且各券商之間競爭越來越激烈，因此在手續費中就有了「暗盤」（折扣）。這種折扣，俗稱「退佣」，比較正式的名稱叫「折讓款」。

一退 8，就是做一億退佣 8 萬

短線進出頻繁的人，比較有機會獲得高折讓款。很多大戶都是天天沖來沖去，就是為了多賺取「退佣」。「折讓款」的條件，事關業務競爭，各家券商都不願意公開，所以你必須私下打聽。一般是看你的交易量多少，營業員才肯給你多少折扣，例如「一退 8」，意思就是你每一個月交易量達到一億元，就可以獲得 8 萬元的「退佣」；「一退 6」就是你每一個月交易量達到一億元，就給你 6 萬折讓款。那不夠一億元呢？當然按照比例計算了。有的券商採月退制（每月固定日期給你），也有少數是按日退方式給你的。各家都不同。

圖 28-1 自行操作股票和買 ETF 的差異

	股票	ETF
證券交易稅	賣出時收取 0.3%	賣出時收取 0.1%
手續費	買進、賣出各收 0.1425%	買進、賣出各收 0.1425%
管理費用	無	國外 0.4%以下，國內 1%以下
其他	無	保管費

（整理：方天龍）

圖 28-2 手續費的兩種優惠方式

	退佣	折扣
1	按你下單的每月成交量來計算。	按你付出的手續費來打折
2	假設券商折讓款給你「一退八」	假設網路下單手續費 6 折
3	你成交一億，券商就給你 8 萬元折讓款	你成交一億，手續費就要付出 14.25 萬
4	券商會依你成交量大小，調整「一退幾」的比例	6 折，就只需要付出 7.125 萬元

（整理：方天龍）

29. 當沖交易的成本如何計算？

粉絲提問：老師，我還沒做過當沖，不知它的買賣成本怎麼計算？真的是「無本生意」嗎？

天龍回覆：「當沖」是「當日沖銷」的簡稱，是透過當日對同一標的進行一買一賣的交易行為。目前有兩種當沖交易方式：資券當沖、現股當沖。前者是用融資進、融券出，兩筆沖銷後結算賺賠；而後者是用現金買賣同樣的股票，成交後按沖銷後的差價做交割。

資券當沖的成本是證交稅 0.3％、手續費 0.1425％（買賣各收一次）。由於現股當沖目前有「證交稅減半」的優惠，所以成本是證交稅 0.15％＋手續費 0.285％（買賣各一次），總共是 0.435％。故如一般網路單 6 折的情況下，你的總買賣成本為：0.1425％×0.6＋0.1425％×0.6＋0.15％＝0.321％。

做當沖，絕不是「無本生意」

當沖，絕不是「無本生意」。如果不管財力如何，也不考慮成本，就冒險大進大出，當天最大損失可達到兩成。尤其當「先買」後股價沒有往上；或「先賣」後股價沒有下跌，心中的壓力必然不小，心情備受影響，所以，當沖並非「無本生意」，至少盯盤眼力和忐忑心情的代價不小。此外，由於股價升降級距不同，根據研究，我們最好選百元價位的個股來做，因跳動檔次最少，就比較容易獲利。

圖 29-1 當沖與非當沖交易的成本和損益比較

當沖與非當沖交易的成本和損益比較						
		股價	手續費（計算到個位數，小數點以下略去）	證交稅	交割金額	損益
一般交易	買進	100	100,000 × 0.001425 = 142	0	100,142	86
	賣出	100.5	100,500 × 0.001425 = 143	301	100,056	
當沖交易	買進	100	100,000 × 0.001425 = 142	0	100,142	65
	賣出	100.5	100,500 × 0.001425 = 143	150	100,207	
註：當日沖銷的證交稅由千分之三減半。						

（製表：方天龍）

圖 29-2 現股當沖、資券當沖的成本比較

現股當沖、資券當沖的成本比較		
種類	資券當沖	現股當沖
證交稅	0.3%	0.15%
手續費	0.1425%	0.1425%
交易方法	作多：融資買進＋融券賣出 作空：融券賣出＋融資買進	作多：現股買進＋現股賣出 作空：沖賣賣出＋現股買進
申請資格	❶開戶時間要滿 3 個月 ❷最近一年，至少要有 10 筆買賣交易紀錄 ❸最近一年買賣成交金額要 25 萬元以上 ❹必須先開股票「信用交易」戶頭	❶開戶時間要滿 3 個月 ❷最近一年，至少要有 10 筆買賣交易紀錄 ❸簽署風險預告書、當日沖銷契約書等

（製表：方天龍）

30. 什麼叫做「一般交易」和「盤後定價交易」？

粉絲提問：老師，聽說收盤以後，還可以買賣？什麼叫做「一般交易」和「盤後定價交易」呢？

天龍回覆：台股一般都是在下午 1 時 30 分收盤。萬一你有資金上的短缺，可以有一個補救的辦法，就是把你手上的其他股票賣掉，來支付後天應付的金額。不過，這只是辦法之一而已，未必有用，因為「盤後定價交易」也可能沒有成交，那你就要另外想辦法了。

「盤後定價交易」，就是你在收盤後還可以把想買、想賣的股票委託申報。限當天有效。掛單的時間在當天的下午 2 時起至 2 時 30 分為止。所謂「定價交易」意思是「價格」你沒得選擇了，就是依「收盤價」來掛單，不論買得到、賣得掉與否，都是以這個價格為限。（見圖 30-1）

下午 2 時 30 分，採電腦自動交易

盤後定價交易買買申報的數量，必須是一個交易單位或其整倍數（因為它並非零股買賣）；一次買賣同一種股票的數量，不可以超過 499 張。什麼時候可以知道交易成交沒有呢？它是在當天下午 2 時 30 分採電腦自動交易的，所以大約過了下午 2 時 30 分，就能知道自己所掛的單有沒有成交了。成交的價格，當然就是收盤價了。此外，如果你是信用交易戶，當然在盤後定價交易時，也可以使用融資買進（見圖 30-2）。

圖 30-1 台灣證券交易所的知識庫

臺灣證券交易所 行動版
TAIWAN STOCK EXCHANGE 法規分享知識庫

　　　　　　主題分類　　　　　近期修訂　　　　　綜合查詢

首頁 / 所有條文

法規名稱：臺灣證券交易所股份有限公司盤後定價交易買賣辦法（107.12.24）
主題分類：交易市場 > 買賣 > 證券交易

第 1 條
為促進有價證券之流通及健全證券市場機制，依本公司營業細則第七十四
條之一規定，訂定本辦法。

第 2 條
本公司集中交易市場買賣之有價證券除債券（不含可轉換公司債）外，其
盤後定價交易依本辦法之規定，本辦法未規定者，適用本公司營業細則或
其他有關規定。

第 3 條
盤後定價交易由證券商受託或自行買賣，於下午二時起至二時三十分止申
報，限當市有效。

第 4 條
盤後定價交易買賣申報之數量，應為一交易單位或其整倍數；一次買賣同
一有價證券之數量，不得超過四百九十九交易單位。

（網址：https://twse-regulation.twse.com.tw/m/LawContent.aspx ？ FID=FL007093）

圖 30-2 盤後定價交易一樣可以融資

（資料來源：券商下單系統）

31. 什麼叫做「ROD」、「IOC」、「FOK」？

粉絲提問：老師，我已經好久沒玩股票了，怎麼冒出一堆怪名詞，例如「ROD」、「IOC」、「FOK」？

天龍回覆：台股早在改為「逐筆交易」以後，就有這些新的交易方式：「ROD」、「IOC」、「FOK」。一般我們都知道，「市價單」就是不指定買進、賣出價格，只根據市場報價進出；「限價單」，就是指定買進、賣出價格。這是我們知道的以前的交易方式。

如果懶得理解，只按 ROD 就對了

所謂「ROD」，講的就是「當日有效」，和我們以前的交易方式一樣，就是「當天委託的有效單」，當你送出這樣的委託單之後，只要不自己刪除委託單，那麼直到當天下午 1：30 為止，這張委託單都是有效的。所以，這個交易方式和我們過去完全一樣，甚至你只要用限價單買進或賣出，系統都會幫你自動設定為「ROD」委託。什麼也不必改變。

至於 IOC（Immediate-or-Cancel）就是指你掛出去的單子，當下成交的給我就好，剩下沒成交的就取消吧！而 FOK（Fill-or-Kill）指凡是你掛出去的單子，如果不能全部拿到，就全部都不要。一般來說，無論掛市價單、限價單，都可以選擇 ROD、IOC、FOK 等三種方式，等於下單的方式你可以有 6 種組合。

圖 31-1 甲券商的下單模式

（資料來源：券商下單系統）

圖 31-2 乙券商的下單模式

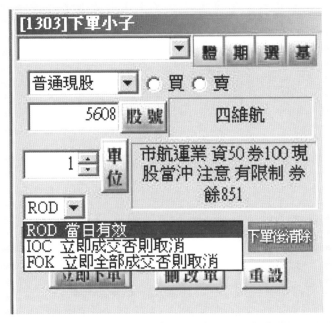

（資料來源：券商下單系統）

32. 什麼叫做「零股交易」？在什麼時候進行？

粉絲提問：老師，我想買零股，請問「零股交易」在什麼時候進行？可以當沖嗎？

天龍回覆：盤中零股交易時間和大盤相同。從上午 9 時起，到下午 1 時 20 分為止，通常會在上午 9 時 10 分起，做第一次撮合，接下來每 3 分鐘以集合競價撮合，依照價格優先、時間優先的原則成交，撮合後會對外揭示成交的價格以及數量，會將未成交最佳 5 檔申報的買賣價格、申報買賣數量等資訊都公開出來。

零股交易，不能做當沖

在盤中零股交易下，ROD（指定價格的限價委託單），限當日有效，未成交的委託不會保留到盤後零股交易。盤中零股目前未開放先買後賣或先賣後買當沖，T 日買進之股票則要等到 T＋1 日才能再次交易。

想買賣零股的人必須注意的是：每筆委託單都有一定的交易成本，盤中零股交易收取千分之 1.425 手續費，另有千分之 3 的交易稅。且盤中、盤後零股交易，不開放融資融券及借券賣出。下單時，務必看清楚委託單位，以免委託錯誤，造成損失。

盤中零股交易於下午 1 時 30 分收盤後清盤，盤中委託未成交者，不保留到盤後零股交易。如果還想要繼續撮合成交的人，必須重新下單。

圖 32-1 零股交易時間和大盤相同。

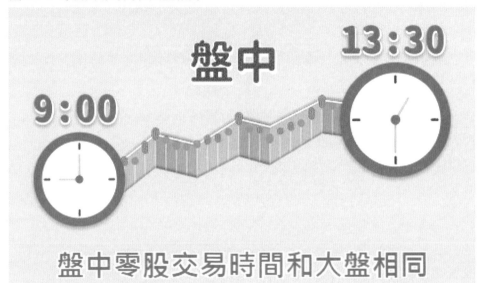

（資料來源：富邦證券）

圖 32-2 零股買賣應注意事項

零股買賣應注意事項	
1	每筆委託單都有一定的交易成本，盤中零股交易收取千分之 1.425 手續費，另有千分之 3 的交易稅。
2	盤中、盤後零股交易，不開放融資融券及借券賣出。
3	下單時，務必看清楚委託單位，以免委託錯誤，造成損失。
4	盤中零股交易於下午 1 時 30 分收盤後清盤，盤中委託未成交者，不保留到盤後零股交易。如果還想要繼續撮合成交的人，必須重新下單。
5	零股交易，不能做當沖。

（製表：方天龍）

33. 「零股交易」也分「盤中」、 「盤後」嗎?

粉絲提問:老師,請問「零股交易」也分盤中、盤後嗎?

天龍回覆:是的,以前零股是沒有盤中交易的,現在已比從前方便了。盤中零股交易是在上午 9 時到下午 1 時 30 分進行,「盤後零股」則是在下午 1 時 40 分到下午 2 時 30 分進行。

「盤中零股交易」,是在上午 9 時 10 分第一次撮合。盤中每隔 3 分鐘,以「集合競價」方式撮合成交。它是以「價格優先、時間優先」為原則。每次撮合後揭示「成交價量」和「未成交最佳 5 檔買賣價格」。至於揭露資訊的方式是每 10 秒試算撮合後,就揭露模擬成交價格和最佳 5 檔買賣價的訊息。

盤中或盤後零股交易量,都限 999 股以內

「盤後零股交易」,則是在下午 1 時 40 分到下午 2 時 30 分進行。然後在下午 2 時 30 分過後,再以「集合競價」方式一次撮合成交。它的成交順序也是依「價格優先」為原則,但如果是同一個價位,那就再依電腦隨機決定。一般來說,下午 2 時 25 分以後,每 30 秒揭露試算結果最好的 1 檔買賣價格。

不論盤中零股或盤後零股,都只限買 999 股以內。「盤後零股交易」由於是盤後了,除了電子交易以外,也會配合人工交易,所以也不需要有「瞬間價格穩定機制」了。

圖 33-1 盤中零股和盤後零股的差異

盤中零股和盤後零股的差異		
	盤中零股	盤後零股
交易時間	上午 9 時到下午 1 時 30 分	下午 1 時 40 分到下午 2 時 30 分
競價方式	上午 9 時 10 分第一次撮合（盤中每隔 3 分鐘，以「集合競價」方式撮合成交）	下午 2 時 30 分過後，以以「集合競價」方式一次撮合成交
成交順序	價格優先、時間優先	價格優先，如果同一價位，再依電腦隨機決定
資訊揭露	每次撮合後揭示成交價量和「未成交最佳 5 檔買賣價格」	下午 2 時 25 分後，每 30 秒揭露試算結果最好的 1 檔買賣價格
下單方式	只限電子交易	電子交易、人工交易
交易單位	限 999 股以下（1～999 股）	限 999 股以下（1～999 股）
瞬間價格穩定機制	有	無

（製表：方天龍）

圖 33-2 「長榮」（2603）的零股交易實況

（資料來源：XQ 全球贏家）

34. 什麼叫做「拍賣」？「標購」？

粉絲提問：老師，請問什麼叫做「拍賣」、「標購」，這和「標借」、「競標」一樣嗎？

天龍回覆：「拍賣」、「標購」是和新股票的申購有關，和融資融券的「標借」、「競標」是不一樣的概念。基本上，有兩種情形會發生股票競價拍賣，一個是公司新股發行時，還有一個就是公司要辦理增資時，會提撥一定的股數，給投資人進行競標。

早期股票承銷上市，分「詢價圈購」和「公開抽籤」兩種方式。詢價圈購是指承銷商根據市場需求決定配售情形，好處是較能引進法人投資，但缺點是容易有人為操作，會產生弊端。所以，後來就規定凡是證券承銷商辦理初次上市櫃承銷案件對外募資達新台幣 4 億元者，應優先採「競價拍賣」方式辦理，取代了原本「詢價圈購」，競價拍賣亦得搭公開申購配售，但公開申購額度以不超過承銷總數的20％為限。

股票競價拍賣，一般小資族也能參與

相信很多人都聽過「股票申購」，也就是能用抽籤的方式買到比市價便宜的股票，有時候一抽到等於現賺幾千或幾萬元，但是中籤的機率總是非常低。其實有另外一種叫「股票競價拍賣」，一般小資族也能參與。股票競價拍賣的資訊，如果您不是很專精，可多向您的營業員詢問。

圖 34-1 競價拍賣可參與對象

	競價拍賣可參與對象
1	年滿二十歲之中華民國國民。
2	本國法人及證券投資信託事業募集之證券投資信託基金。
3	外國專業投資機構。
4	依華僑及外國人投資證券管理辦法規定得投資證券之華僑及外國人。
5	行政院開發基金、郵儲儲金、公務人員退休撫恤基金、勞工退休基金、勞工保險基金。
6	其他經政府核准之對象。
7	參與競價拍賣只能透過網際網路於證交所競拍系統投標，客戶必須開立證券網路交易戶。

（製表：方天龍）

圖 34-2 競價拍賣不可參與對象

	競價拍賣不可參與對象
1	發行公司採權益法評價之被投資公司。
2	對發行公司之投資採權益法評價之投資者。
3	公司之董事長或總經理與發行公司之董事長或總經理為同一人，或具有配偶。
4	受發行公司捐贈之金額達其實收基金總額三分之一以上之財團法人。
5	發行公司之董事、監察人、總經理、副總經理、協理及直屬總經理之部門主管。
6	發行公司之董事、監察人、總經理之配偶。
7	承銷團之董事、監察人、受僱人及其配偶。
8	前述各類人士利用他人名義參與應募者。

（製表：方天龍）

35. 什麼叫做「注意股」？「處置股」？

粉絲提問：老師，您常說某股票被「注意」了？這是什麼意思呢？那「處置股」呢？

天龍回覆：當某一檔股票「漲勢太驚人」、「成交量大得出奇」、「周轉率高得嚇人」時，就是有「人為操縱」的嫌疑，證交所為了維持股市的交易「公平」、「公正」，就會有監視制度。當某些個股出現有異常狀態，就會列入觀察名單。注意，就是警示的意思。現在「注意股」已經成為專有名詞了。

被列為「注意」的股票，還不會有任何處置的行為，只是單純的警示你，但是一旦開始連續多日都達成注意股的條件時，這時候就是升級的時候到了——你的股票就會由「注意股」變成了「警示處置股」，簡稱「處置股」。「處置股」就有實際的懲處方式，因而影響股價比較大。

處置行動，會讓主力綁手綁腳

當股票被列為處置股票時，因為規定很多、綁手綁腳，主力的大動作無法施展，會有「動彈不得」或「動輒得咎」的感覺，就連做當沖的小投資人也會受到影響。

不過，「處置股」對長線的投資人來說，沒什麼差別，就只是搓合的時間與次數減少而已。比較特別的是，主管機關會特別要求被處置的公司提出最新財報，來接受檢驗。這樣反而更有利於投資人了解真相。

圖 35-1 被列為「注意股票」的 8 個條件

被列為「注意股票」的 8 個條件
1   30 個營業日收盤價漲幅超過 100%。
2   60 個營業日收盤價漲幅超過 130%。
3   90 個營業日收盤價漲幅超過 160%。
4   最近 6 個營業日（含當日）累積收盤價漲跌百分比超過 25%。
5   當日週轉率 10%以上。
6   最近 6 個營業日（含當日）的累積週轉率超過 50%。
7   本益比為負值，或達 80 倍以上。
8   股價淨值比達 8 倍以上。

（製表：方天龍）

圖 35-2 換手率（即周轉率）超過 10%就會被注意

注意股 ▼				
商品	代碼	成交	漲幅%	換手率% ▼
點序	6485	154.5s	+0.32	54.88
康普	4739	125.0s	+5.04	53.87
通嘉	3588	141.0s	+4.44	41.67
聚和	6509	60.4s	+2.03	37.61
四維航	5608	66.6s	+1.37	32.83
旺矽	6223	146.5s	-5.48	22.66
新唐	4919	158.0s	-0.32	22.13
創惟	6104	120.5s	-1.63	21.13
德微	3675	189.0s	+5.59	15.90
無敵	8201	14.40s	+1.77	15.73
茂矽	2342	48.60s	+0.52	13.97
晶宏	3141	151.0s	+1.34	11.85
界霖	5285	128.5s	-1.15	11.71
強茂	2481	111.5s	-1.33	10.19

（製表：方天龍）

36. 「分盤交易」是什麼？

粉絲提問：老師，「分盤交易」是什麼意思呢？

天龍回覆：某一檔股票被懲處的過程，是由正常股→注意股→處置股。一旦股票多次觸發了注意股票的條件之後，就會被處置，形成「分盤交易」。

分盤交易可分為 5 分鐘及 20 分鐘一盤，買賣方式也有不同：❶ 5 分鐘分盤交易：單筆 10 張以上，當日 30 張以上需圈存及全額交割，也就是說，單筆只能 9 張、9 張以內下單、一天最多下 29 張，這樣就可以和正常股票一樣不必「圈存交易」。❷ 20 分鐘分盤交易：這種股票買賣一律需先圈存，才有辦法交易，多數券商規定必須先打電話給營業員圈存，少數券商可以透過下單軟體自行圈存。

預收款券增加麻煩，會造成量能萎縮

「圈存交易」意思是「預收款券」。雖然增加了投資人的麻煩，但我們從圖 36-1 及圖 36-2，可以發現 5 分鐘或 20 分鐘的分盤交易，股價未必一定漲或跌。不過，當股票被列為處置股時，因為買賣方式及撮合時間受到限制，因此在成交量上幾乎都會萎縮。於是，就會產生流動性不佳的情況。尤其是大盤及多數個股都在大漲時，因處置股的流動性變差，容易造成原本持有者短線上先做獲利調節。

圖 36-1 「杏輝」（1734）5 分鐘分盤交易

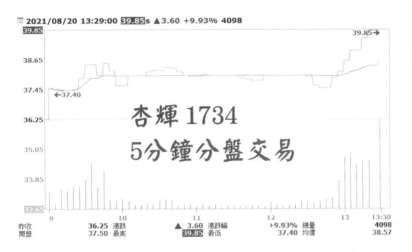

（資料來源：XQ 全球贏家）

圖 36-2 「集盛」（1455）20 分鐘分盤交易

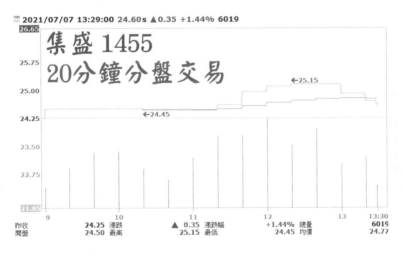

（資料來源：XQ 全球贏家）

37. 「紅三兵」為什麼也叫做「三白兵」？

粉絲提問：老師，有的書上說「紅三兵」，有的說「三白兵」，到底應該是什麼？

天龍回覆：K 線，有點像蠟燭，所以又叫「蠟燭線」；因有暗黑色 K 線、太陽般紅色 K 線，於是也叫做「陰陽線」。所以不論「蠟燭線」、「陰陽線」，指的都是 K 線。

同樣的道理，在 K 線書上的名稱，也有不統一的時候，只要自己多揣摩，就知道到底是什麼。初學者常奇怪，為何有的書上寫「三紅兵」，有的書上卻寫「三白兵」？因為黑白印刷的書，通常無法分辨紅黑色，作者只好以白色來取代紅色。其實名詞並不重要，我們要了解的是它的細節和實質內容。用語不統一無所謂，您可以把它當成「譯名不同」來理解。

當黑白印刷時，「紅」三兵常以三「白」兵表示

請看圖 37-1，由於單色印刷（只有黑色）的書籍無法顯示紅色，只好用黑色框框、實體部分呈現空心白色，來表示「上漲三紅」（也是「紅三兵」別名）的 K 線組合。再請看圖 37-2，左邊的圖也等於右邊的圖。同樣的斧頭形狀的 K 線，在上漲的高點，稱為「吊人線」，可是在下跌的底部，卻稱為「鎚子線」。至於密集的短短直線，則代表一根根的 K 線，它主要是暗示 K 線行進的方向而已。

圖 37-1 這兩種圖示，都是「紅三兵」

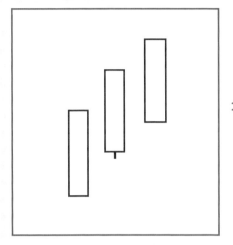 =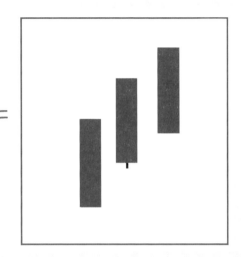

（繪圖：方天龍）

圖 37-2 直直短線，代表 K 線進行方向

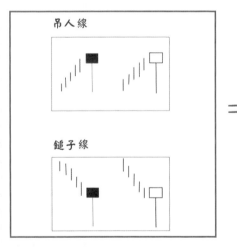 =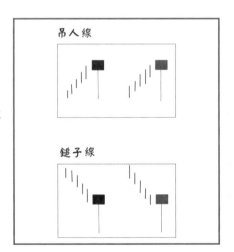

（繪圖：方天龍）

38. 期權會有「超額損失」的可能，這是什麼意思？

粉絲提問：老師，我很想跟我朋友去做期貨和選擇權，但聽說會有「超額損失」的可能，這是什麼意思？

天龍回覆：初入股市還是從股票著手比較好，因為股票是所有金融商品中最安全，也最單純的工具。期貨和選擇權如果不是股票的基礎很好、功力很高，一開始就踏入，很可能損失得很快。請看圖 38-1，這是一位小資族受朋友慫恿去玩期貨，一天的損失就是 21 萬多，這並非極端的案例，只是真實的個案之一。

期貨是採保證金交易，只需要一小部分錢就可以交易較大規格的商品。這樣的模式固然讓我們可以高槓桿交易，在獲利時賺得很多，但一旦虧損時風險也很大。

當我們在進行期貨交易時，所存入的保證金遠低於操作商品的全部價值，所以當出現價跌時，確實可能會讓保證金全部賠光，甚至不夠賠、還倒欠期貨商的「超額損失」。

投資期貨，最好有三倍的資金準備

請看圖 38-2，期貨最怕出現意外，這是近期的一次夜盤閃崩事件，許多人弄得傾家蕩產。在正常情況下，投資期貨最好有三倍的資金準備，因為低於風險指標 25 ％，會被期貨商逕行強制砍倉的危險。如果價值下跌得太過火，你可能還必須補回「超額損失」的金額，不像「現股」投資頂多賠光了資金而已。

圖 38-1　一位新手玩期貨，一天損失 21 萬多。

合計平倉損益:-210,150(台幣)、0(人民幣)、0(美
筆數:20(頁次 2/2)

平倉日期	商品	開倉時買賣別	平倉價	口數
2021/08/18	長榮期202109	買進	131	1
2021/08/18	長榮期202108	買進	130	1
2021/08/18	南電期202108	買進	356	1
2021/08/18	大成鋼期202108	買進	46.05	1
2021/08/18	大成鋼期202108	買進	45.8	1
2021/08/18	台半期202108	買進	67.9	1

（資料來源：一位新手的真實成績單）

圖 38-2　台指期出現意外時的新聞

（資料來源：2019 年 8 月 22 日聯合晚報）

第**3**篇

基本面和主流類股怎麼抓？

39. 除權息，是什麼？
一般領股利，分為哪幾種方式？

粉絲提問：老師，除權與除息有何不同呢？領股利，分為哪幾種方式？

天龍回覆：先來「說文解字」一下，「除」就是「分配」的意思。「除權息」就是上市櫃公司把所賺的盈餘回饋（分配）給股東。對於長期投資、無意賺差價的人來說，這筆收入就是他們的投資報酬。但是，對於一般短線投資人來說，也可以只賺價差而不當股東，只要在「除權息」的前一天把股票賣掉就行了。

至於「除權」（領股票）和「除息」（領現金），都是領股利的方式之一。分配股票，叫做「除權」；分配現金，叫做「除息」。正常的好公司，如果有賺錢，每年都應該把一部分獲利，以「配股」或「配息」的方式發給股東。沒發出去的部分，則稱為「保留盈餘」，作為公司未來投資的資金。

股價填息，才算是真正獲利

一般大公司的除權、除息的日期通常集中在 6 月中旬開始，一直到 8 月底左右。同時，當公司分配權息之後，該公司的股價就會跌下來，因為公司的資源一部分已經分配給股東了，股價自然會有一定程度的修正。當除息後，除息前一日收盤價與除息後價位間留下一個除息價位「缺口」，如果股價能回升超過除息前一天的收盤價，就叫「填息」。股價填息，我們的領股利，才算是真正的「賺到了」！

圖 39-1　除權息基本概念

	除權息基本概念
1	每家公司的除權息日期不同，大部分都在 6、7、8 月之間。
2	權＝股票股利；息＝現金股利。
3	除息參考價＝股價 － 現金股利
4	除權參考價＝股價／（1＋現金股利／股票面額）
5	除權息相關訊息，可查詢證交所網站。

（製表：方天龍）

圖 39-2　除權息如何變成填權息

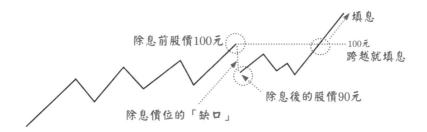

除息與填息前後變化

除息前股價100元　　　　　　　　　　填息

100元
跨越就填息

除息後的股價90元

除息價位的「缺口」

（繪圖：方天龍）

40. 參加除權息好嗎？
什麼情況下值得參加除權息？

粉絲提問：老師，我有時沒注意到除息日，結果就「被迫」參加了。到底什麼情況下才值得參加呢？

天龍回覆：有的人喜歡只賺價差，不領配股、配息；有的人不長於操作股票，就像「存股」一般，任它參與股票除權息。但這些投資方式也都逃不過要面臨繳稅的問題。所以，除權息旺季一定要注意你買的股票，除息日是哪一天？買賣股票目前採取分離課稅，也就是立刻課稅；而領取股利，則需要納入綜所稅，如果單筆超過 2 萬元，還需要課徵 2%的健保補充費。

什麼情況下值得參加除權息？主要是比較交易成本與課稅成本，何者較為划算。簡單地說，就是要試算出除權息後的股價，再算出參加除權息所需要支付的稅負（包括二代健保補充費以及買賣手續費）。不過，有經驗的人通常不太願意參加除權息，除非股票有「高殖利率」為利基。

年年配息穩定的個股，才值得參加除權息

高殖利率的股票，是指比銀行定存利率多好幾倍的個股。見股價拉高就賣的投資人，和緊抱持股不賣的人心態是不一樣的。只想賺價差，是追求高報酬率；而衝著高殖利率而抱股不放的人，是等著配發股息、累積長期的固定收益來謀利。所以，當發現一檔股票年年配息穩定，才值得參加除權息。

圖 40-1 高殖利率排行榜

名次	股票名稱	殖利率(%)	現金股利 股利	現金股利 除息日	盈餘配股 股利	盈餘配股 除權日	公積配股 股利	公積配股 除權日	收盤價
1	3373熱映	24.36	10	2021/08/18					41.05
2	1325恆大	24.07	12	2021/07/15					49.85
3	4930燦星網	14.93	3.5	2021/04/16					23.45
4	3040遠見	14.47	5.7	2021/08/06					39.4
5	3325旭品	13.93	2.49999989	2021/08/17					17.95
6	4735豪展	13.78	9	2021/03/31					65.3
7	9919康那香	13.13	3	2021/08/02					22.85
8	6462神盾	12.82	15	2021/07/30					117
9	1315達新	12.27	8	2021/07/01					65.2
10	2545皇翔	12.03	4.5	2021/08/23					37.4
11	6276安鈦克	11.93	3	2021/08/06					25.15
12	3056總太	11.58	4.4	2021/08/26					38
13	6655科定	11.35	8	2021/07/19					70.5
14	5521工信	11.31	0.13	2021/09/07	1	2021/09/07			9.99
15	3679新至陞	11.01	10	2021/06/18					90.8
16	1598岱宇	10.97	7.46837978	2021/06/25					68.1
17	6204艾華	10.59	10	2021/06/02					94.4
18	2204中華	10.56	7	2021/07/22					66.3
19	6219富旺	10.39	2	2021/06/09					19.25
20	4420光明	10.36	3	2021/04/21					28.95
21	5201凱衛	10.29	2.8	2021/06/24					27.2
22	5604中連貨	10.18	7.95	2021/08/16					78.1
23	5213亞昕	9.98	1.99559743	2021/07/28					20.05
24	1423利華	9.68	1.8	2021/08/20					18.6
25	6504南六	9.68	12	2021/09/16					124
26	6016康和證	9.64	1.22	2021/08/16					12.65
27	5215科嘉-KY	9.45	8	2021/06/29					84.7
28	3032偉訓	9.42	3.1	2021/08/11					32.9
29	6596寬宏藝術	9.36	4.5	2021/06/16					48.1
30	6171亞銳士	9.35	1		1.5				26.75
31	5546永固-KY	9.22	5.83134093	2021/08/09					63.2
32	6616特昇-KY	9.20	2	2021/08/09					21.75
33	8481政伸	9.15	7	2021/07/05					76.5
34	2496卓越	9.10	4.52042894	2021/07/16					49.65
35	2505國揚	9.01	2.5	2021/09/13					27.75
36	5474聰泰	9.01	8	2021/08/06	2	2021/08/20			111

殖利率排行
股利年度：2020年 ／ 收盤價日期：2021/08/27

（資料來源：Money DJ 網站）

（如果看不清楚，可查網址：https://www.moneydj.com/Z/ZG/ZGL/ZGL.djhtm）

41. 新股上市值得申購嗎？
怎麼申購？

粉絲提問：老師，我是股市小白，不知道新股上市是否值得申購？我朋友都很熱中，怎麼申購呢？

天龍回覆：為什麼會有「新股抽籤」這回事，主要是因為上市櫃公司要發行股票、募集資金時，根據「股權分散」的規定，準備上市的公司必須提出一定比率的股數（例如總額股份的 10%）給社會大眾公開申購，這樣股權才不會集中於一人之手。

新股上市通常有兩種情形：(1)未上市公司初次準備上市。(2)已上市的公司準備現金增資。由於「僧多粥少」、通常只能認購幾張而已，如果大家都搶著要申購，一定是市價與承銷價有價差，才有吸引力，否則誰會想要花費心力去登記申購？萬一沒抽中，又可能是落得一陣失望。

新股上市資訊，營業員最知道

一般來說，市價（目前的股價）和承銷價（如果你抽中的話必須付出的價格）有 10%左右的價差，就可以試試看。現在證券商的 APP 都會連結市價，將價差比率即時顯示，例如 15%、20%等，可以參考看看。幸運中籤的話，股票撥券日就可以立刻賣掉，以免「夜長夢多」。您是股市小白，直接向營業員洽詢所有的手續，可省心省事。因為您即使精通細節，如果沒中籤，也是枉然。

圖 41-1 新股申購經驗談

	新股申購經驗談	
1	公平性高	一個身分證字號,只能有抽一次的機會。 有很多證券戶頭也沒用。
2	損失不大	萬一沒中,只花費 20 元手續費而已。
3	付出不多	如果抽中,就只多收 50 元處理費。
4	以小搏大	過去的「昇佳」,用 50 萬可以買到 70 幾萬的股票, 利潤非常可觀。
5	穩賺不賠	根據歷史經驗,新股投資(股票撥券日就賣掉), 勝率是 100%。

(製表:方天龍)

圖 41-2 近期新股申購之概況

抽籤日期	股票代號 名稱	發行市場	申購期間	撥券日期	承銷張數	承銷價	市價	獲利	報酬率(%)	申購張數	綜合條件	中籤率(%)
2021/09/06	3709 鑫聯大投控	上櫃增資	08/31~09/02	09/14	1,785	21	26.2	5,150	24.5	1	0	0
2021/09/03	2753 八方雲集	初上市	08/30~09/01	09/09	1,320	155	181.0	26,000	16.8	1	0	0
2021/09/01	5543 泰佑-KY	現金增資	08/26~08/30	09/09	128	58	61.2	3,200	5.5	1	5,344	2.4
2021/08/30	5439 高技	上櫃增資	08/24~08/26	09/07	595	55	67.0	12,000	21.8	1	110,507	0.54
2021/08/30	6213 聯茂	上市增資	08/24~08/26	09/07	4,250	130	130.0		-	1	5,710	74.43
2021/08/30	1341 富林-KY	現金增資	08/24~08/26	09/07	95	60	70.6	10,600	17.7	1	67,991	0.14
2021/08/27	1529 樂士	上市增資	08/23~08/25	09/06	3,400	12.6	16.7	8,200	32.5	2	156,374	1.09
2021/08/27	6594 展匯科	上櫃增資	08/23~08/25	09/06	638	32.8	39.0	6,200	18.9	1	112,226	0.57
2021/08/25	3147 大綜	上櫃增資	08/19~08/23	09/02	425	47	51.9	4,900	10.4	1	62,056	0.68
2021/08/24	3597 映興	上櫃增資	08/18~08/20	09/01	340	22	27.0	4,950	22.5	1	90,174	0.37

(資料來源:嗨投資)

42. 如何做資金控管？

粉絲提問：老師，我是小資族，資金非常有限。我也要做資金控管嗎？如何做？

天龍回覆：曾經有理財專家主張，資金應分為十份，然後如何如何地做。我看了真的覺得太不實際了。就我所知，很多小資族也許就只有五萬、十萬而已，教他如何做如此大規模的計畫？但是，「資金控管」的意義對任何條件的投資人，都是必須遵守的法則。

首先小資族必須想辦法力求「增資」。因為同樣的技術水準，本金越大，獲利能力就越強。例如當你有 1000 萬時，10%報酬率就可獲利 100 萬元；只有 100 萬元，就只能賺到 10 萬元。那 5 萬、10 萬，就更難賺了。請看圖 42-1，一旦你的資金損失，要從底部往上爬回本金，那又難上再難了！

資金控管四鐵則，小資族也該謹守紀律

根據長期的觀察，大部分小資族因錢少常用融資，為了賺得快，習慣「Show Hand」，也就是孤注一擲，把所有資金全部下注，這無異於賭博。這和我「投資比例要低」的理念，是非常違背的。即使資金再少，也不能全部投入，否則一旦被套牢就沒救了。同時，也不能獨押在一檔上。即使押在一檔，也要分批買進賣出，成本才會降低。此外，不可同時又買又賣，因為高低點的基期不同，就沒辦法「高出低進」了。

圖 42-1 回本的趴數

	假設資本的損失（%）	要賺？% 才能回本
1	100	0%
2	90	11%
3	80	25%
4	70	43%
5	60	67%
6	50	100%
7	40	150%
8	30	233%
9	20	400%
10	10	900%

（製表：方天龍）

圖 42-2 資金控管四鐵則

	資金控管四鐵則
1	不可全部投入。
2	絕不獨押一檔。
3	分批買進賣出。
4	不同時買和賣。

（製表：方天龍）

43. 怎麼製作自己的「盤前簡報」?

粉絲提問：老師，我的持股很多是被套牢的，常常砍不下手，如何可以製作盤前簡報，才不會慌亂？

天龍回覆：操作股票依據經驗，通常越是砍不下手的，最後往往傷你最重。我的原則是持股只限 5 檔，太多了，在操作時會無法照顧。尤其在盤勢非常不好的時候，會因忘了有哪些股票而慌了手腳。當你思考該不該砍時，尤其無法記得成本是多少。這時就需要一張清單，可幫你井然有序地操作。

請看圖 43-1，這是我自己設計的每日「盤前簡報」。大約用 A4 的紙張，即可容納多家證券的戶頭概況。以此表來看，是分為上、下兩部分，各可記載一家證券戶頭的資料。這樣，如果你有兩個證券戶，就不容易弄錯。首先，你可以登記幾檔股票的股名和代碼、有沒有使用融資、買進日期、持股張數等等資料。

每天結算前一天的銀行結餘，可避免買超缺錢

每天結算前一天的銀行結餘，可避免買超缺錢。由於當天收盤後，第三天才會扣款，所以我留出三天後的應入帳款，就不會受到日期的限制，而能弄得條理井然。其次，每一檔股票的成本加起來，再扣除總損益，就能算出目前庫存股票的真實價值。確認手上能運用的現金，加上庫存股票的真實價值，就能算出你的資金規模，也能評估自己每天最後的結算，到底有沒有進步！

圖 43-1 每日的盤前簡報舉隅

年　月　日（星期　）盤前持股簡報

（××證券）

註記	代碼	股名	資	買日	持股張數	均買價	現價	成本金額	損益	報酬率

年　月　日（星期　）銀行結餘（尚未扣款）				元	股票總成本	元
月　日（　）結算		月　日（　）應入帳		元	股票總損益	元
月　日（　）結算		月　日（　）應入帳		元	股票淨值	元
月　日（　）結算		月　日（　）應入帳		元	可用現金	元
目前手上可用的現金				元	資金規模	元

（××證券）

註記	代碼	股名	資	買日	持股張數	均買價	現價	持有成本	損益	報酬率

年　月　日（星期　）銀行結餘（尚未扣款）				元	股票總成本	元
月　日（　）結算		月　日（　）應入帳		元	股票總損益	元
月　日（　）結算		月　日（　）應入帳		元	股票淨值	元
月　日（　）結算		月　日（　）應入帳		元	可用現金	元
目前手上可用的現金				元	資金規模	元

（創意：方天龍）

44. 財報中，營收是最重要的嗎？怎麼看「營收」？

粉絲提問：老師，財報中，營收是最重要的嗎？怎麼看待「營收」呢？

天龍回覆：「營業收入」指的是上市櫃公司經營的成果。所以，看營收就知道獲利情況，也是評估經營績效的領先指標。不過，營業收入還要減去營業成本，才有辦法評估該公司的真正獲利能力。

營收有時並不代表公司一直賺錢，它也許是一次性的灌注，下個月就沒有了。尤其「營建股」在售屋之後才因入帳而引起主力的「話題」炒作，但公司本身並不能持續獲利。於是，當話題炒作完畢，股價可能就要進行大回檔了。

看「月增率」不如看「年增率」

毛利率是毛利除以營收，是用來評估單項產品的績效，可是它的好壞，也必須和同業作比較。毛利率高，表示成本控制得宜、產品競爭力高；毛利率低，可能是銷售量不夠大，或原料的進貨成本太高。

營收為什麼受重視？就是因為它是每月的資料（每月 10 日以前必須公布），而且企業要成長，營收必成長。不過，看「月增率」（本月營收相較上月營收的成長率）不準，要看「年增率」（本月營收相較去年同期營收的成長率）比較可靠。

圖 44-1 用程式「營收創新高而獲利能力又能跟上」的公司

序號	代碼	商品	成交	漲幅%	總量	月營收 ▽	本期稅後淨利	負債比率
執行時間：2021-08-29 15:33 符合檔數(54)								
1	2002	中鋼	36.9	1.51	48664	418.83	15714	49.2
2	1303	南亞	86.3	2.01	5884	367.96	23039	39.02
3	3481	群創	17.55	2.63	201489	322.48	21419	37.41
4	1605	華新	26.15	1.55	11546	144.49	3589	42.41
5	3034	聯詠	446	-2.94	11382	124.99	9786	31.25
6	2344	華邦電	29.15	-0.17	30182	90.9	3336	43.99
7	6239	力成	108.5	0.93	2113	75.21	2223	46.29
8	2014	中鴻	45.85	-0.33	25063	52.02	2281	43.79
9	8046	南電	413	8.83	16232	48.81	2329	27.37
10	5347	世界	148.5	3.13	13704	36.77	2602	32.32
11	8150	南茂	56.6	0.18	35393	24.18	1284	40.62
12	6147	頎邦	75.8	2.85	16118	23.63	1442	25.95
13	8016	矽創	299	-0.5	6142	22.26	1560	32.84
14	3006	晶豪科	139	-0.71	16223	21.7	1294	37.47
15	8415	大國鋼	38.2	-0.78	4628	21.61	1101	43.97

（資料來源：XQ 全球贏家）

圖 44-2 中鋼（2002）營收成長、股價自然向上發展

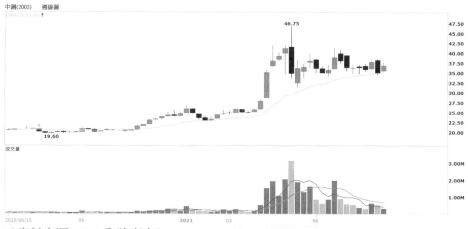

（資料來源：XQ 全球贏家）

45. 本益比、ROE、股價淨值比，對選股有幫助嗎？

粉絲提問：老師，財報中的本益比、股東報酬權益率、股價淨值比，對選股有幫助嗎？

天龍回覆：財報中的本益比、股東報酬權益率、股價淨值比等等，都是屬於基本面的資訊。一般長線操作者或價值論者都極為推崇。像我這樣以技術面＋籌碼面為主的門派來說，自然認為是「落後指標」了。在選股上，你說的這些基本面資料，我只是參考而已。我重視它，多半是由於主力或法人拿它作選股的「話題」。他們是在求得「正義之師」的名目然後攻堅，我則是選上主力或法人的「眼光」。這是一條捷徑。

台股本益比，平均在 10 到 20 之間

以台股的長期平均水準來看，本益比在 10 至 20 之間都屬於合理範圍，本益比高於 20 以上者較無長期持有的價值，本益比在 10 以下則屬於高價值投資標的。

不過，本益比太低，並非選股好標的。相反的，本益比高其實代表著投資人看好，且願意付出較高的金額購買。至於 ROE（股東報酬權益率）是巴菲特最重視的基本面數據。他的選股要求：近 4 季股東權益報酬率大於 5%。至於股價淨值比，是股票的真正價值（每股淨值）與股價（每股市價）之間的比率。巴菲特認為要少於 1.5 才好。總之，所有的贏家都有一套選股方法，但基本面仍代表公司的本質，不可偏廢。

圖 45-1 選股大師彼得林區的選股條件

1	本益比小於 20
2	近 2 年營收成長率，平均大於 25%
3	近 5 年稅前淨利成長率，平均大於 7%
4	最近一季負債比例小於 30 %

（製表：方天龍）

圖 45-2 依彼得林區大師的條件選出的台股

股票名稱	本益比	近2年平均營收成長率(%)	近5年平均稅前淨利成長率(%)	近一季負債比率(%)
聯華(1229)	14.63	38.82	23.82	23.82
厚生(2107)	8.89	59.08	20.07	6.93
圓剛(2417)	4.13	72.23	699.07	25.44
鈊象(3293)	11.57	65.88	78.05	26.29
熱映(3373)	4.75	114.84	489.78	13.64
精材(3374)	17.05	27.55	87.26	27.80
松翰(5471)	12.62	34.24	41.68	21.55
驊訊(6237)	18.57	43.86	146.81	11.36

（資料來源：XQ 全球贏家）

46. 買股票為什麼和景氣有關？
有什麼領先指標？

粉絲提問：老師，買股票為什麼和景氣有關？有什麼領先指標？

天龍回覆：一個國家總體經濟的波動，如同圖 46-1，在許多經濟活動同時發生擴張、收縮、衰退而開始復甦，這樣一再循環的表現，通常不到半年即可輪迴一個循環期。完整的循環至少要一年多。

以近期來看，台灣目前也受到疫情影響，裁員、無薪假、企業倒閉新聞不斷，這時大家都不敢大興土木、推建案，一般老百姓更不願意去買房子、換車子、餐廳消費等等。股票受到景氣影響最多的，包括水泥、塑化、鋼鐵、營建、航運、紡織、汽車，還有電子族群裡的 DRAM 記憶體。這些都是典型的「景氣循環股」。

景氣對策信號，反映景氣狀況

台股的景氣對策，已有國家隊「國發會」在作專業的評估。國發會每月編製景氣對策信號時，會有很多「第一手」的資料，將各構成項目季節調整，並計算年變動率後，視其落於何種燈號區間，而得出個別構成項目燈號與分數，最後加總得出綜合判斷分數。2021年9月這份每個月的景氣對策信號，已具有領先指標的意味。綜合判斷分數9-16 分景氣對策信號為藍燈（低迷），17-22 分為黃藍燈（可能轉向），23-31 分為綠燈（穩定），32-37 分為黃紅燈（可能轉向），38-45 分為紅燈（熱絡）。例如 2021 年 8 月底的燈號，就是紅燈（39分）。

圖 46-1 景氣循環圖

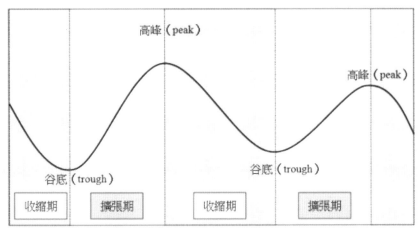

（資料來源：國發會）

圖 46-2 台灣 2020 年至 2021 年的景氣指標

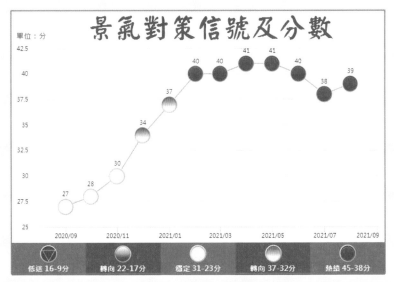

（資料來源：國發會）

47. 如何操作「景氣循環股」？

粉絲提問：老師，既然經濟景氣會影響股價，那我們怎麼操作「景氣循環股」呢？

天龍回覆：股市會預先反映未來的經濟景氣，通常股價也會在景氣復甦之前半年，就開始發動。因而我們也能在經濟景氣「繁榮」與「衰退」的循環中，找到最佳的買賣點。

據研究指出，我們如果在景氣衰退初期買進股票，同時抱股一年，平均投資報酬率大約是一成；如果在景氣衰退中期買進股票，並抱股一年，平均投資報酬率大約是三成；如果在景氣衰退末期買進股票，並抱股一年，平均投資報酬率大約是兩成。從這項研究可知，在經濟景氣衰退中期買進股票，是最有利的。

台股驚驚漲，有賴外在因素樂觀

其實，景氣會產生變動，原因是很複雜的。它包括內在和外在的因素。內在的因素來自經濟體系內部的不穩定，台灣的企業比較沒有這方面的因素，因為台灣人都很賣力工作，企業的獲利也很明顯。但是外在的因素就很廣泛，包括嚴重災害、重大科技突破、政治事件、戰爭陰影等等。以不久前的「航運股」大漲來看，就是起因於外在的塞港、漲價。繼之而起的鋼鐵、電子等，都有可能循此模式漲價。如此一來，股價就欲小不易了。目前台股指數因景氣樂觀帶動股價，只要審慎投資、做好資金控管，就沒有問題。

圖 47-1 上市股票總體經濟的表現

主要股市殖利率、本益比及股價淨值比　　上市股票殖利率

現金股利殖利率		本益比		股價淨值比	
新加坡	3.75	新加坡	11.83	新加坡	0.99
英國	3.28	上海	16.76	韓國	1.11
臺灣	2.81	英國	17.53	香港	1.18
香港	2.44	香港	17.55	上海	1.66
巴西	2.12	巴西	21.49	英國	1.67
上海	2.04	臺灣	22.37	日本	2.08
美國	2.02	日本	22.80	臺灣	2.16
日本	1.50	韓國	29.47	巴西	2.38
韓國	1.36	美國	29.62	深圳	3.28
深圳	0.86	深圳	34.51	美國	4.72

（資料來源：台灣證交所）

圖 47-2 航運股這一波景氣循環猛烈

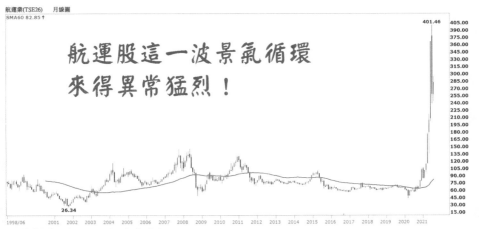

（資料來源：XQ 全球贏家）

48. 董監大股東持股、質押、轉讓，如何看待？

粉絲提問：老師，董監大股東持股、質押、轉讓，如何看待呢？

天龍回覆：由於公司法規定，董事、監察人的任期只有三年。所以董監改選是三年一次的事。董監事當選與否，通常是看手中持股多不多。大股東持股的增加或減少，常常是投資人可以判斷是「大戶持股流向散戶，還是散戶的持股流向大戶」？這種資金流動，也可以判斷股價未來可能的漲跌變化。

要找這方面的資料，可以到「公開資訊觀測站」（網址：https://mops.twse.com.tw/mops/web/stapap1）→首頁→基本資料→董監大股東持股、質押、轉讓→董事、監察人、經理人及大股東持股餘額彙總表。舉凡上市公司的持股、質押、轉讓情況，在這裡都可以找到。

大股東持股申報轉讓，不利股價後市

請看圖 48-1，在「台灣股市資訊網」（網址：https://mops.twse.com.tw/mops/web/t56sb21_q1）可以找到相關資料統計圖（此圖是以「台積電」為例）。大股東的質押，代表缺錢而質押股票，持股轉讓可能是覺得股價已高，或者另有其他想法。但這是一條研判公司未來前景的線索。再請看圖 48-2，這是以「加捷生醫」（4109）為例，當大股東持股申報轉讓之後，往往可以發現其後股價就跌下來了。

圖 48-1 台積電（2330）董監持股狀況統計圖

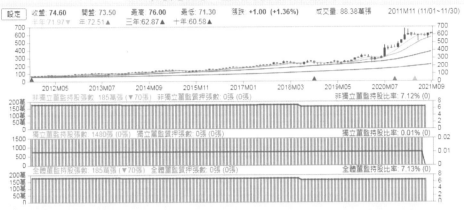

（資料來源：台灣股市資訊網）

圖 48-2 加捷生醫（4109）大股東申讓紀錄

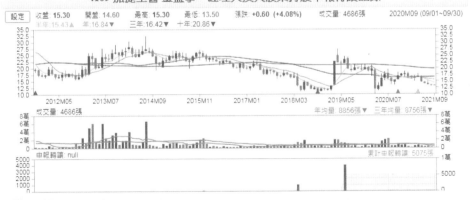

（資料來源：台灣股市資訊網）

49. 什麼叫做「轉帳」呢？
它和「轉單」有什麼不同？

粉絲提問：老師，什麼叫做「轉帳」呢？它和「轉單」有什麼不同？

天龍回覆：「轉帳」通常指的是「鉅額轉帳」。上市公司董監事為了作帳或節稅等緣故而轉帳，或為了補足本業的虧損、擴充營運等，會有轉帳的行為；大戶手上的籌碼不夠時，向公司派的大股東談妥條件，而進行大量轉帳買進……。這些情況都會造成「鉅額轉帳」的交易。

「轉單」是屬於業內人士說的江湖術語，老主力的時代，有所謂「養、套、殺」的手法，但現今是「法人的時代」，情況不同了，作手出貨不順，多半會轉單給法人。不肖基金經理人為了取得佣金或報酬，有時會勾結主力，作出各種轉單操作。於是公司規定買賣必須由交易員完成，這就增加轉單操作的難度。

鉅額轉帳分成逐筆交易與配對交易

「鉅額轉帳」，就是「鉅額交易」，詳情可以參考拙著《100 張圖搞懂獲利關鍵》（財經傳訊出版）第 182 頁。單筆超過 499 張就要採鉅額交易，鉅額交易分成逐筆交易與配對交易，證交所與櫃買會公告當日鉅額交易。請看圖 49-1，這是「上市股票的鉅額交易成交資訊」的範例，再看圖 49-2，這是「上櫃股票的鉅額交易成交資訊」的範例。高手如果對籌碼作深入研究，常能從中洞悉主力操作的內幕。

圖 49-1 上市股票的鉅額交易成交資訊

🏠 首頁 ▶ 交易資訊 ▶ 鉅額交易 ▶ 鉅額交易日成交資訊

110年09月03日 鉅額交易日成交資訊-單一證券

單位:元、股

每頁 10 ▼ 筆

證券代號	證券名稱	交易別	成交價	成交股數	成交金額
2308	台達電	配對交易	271.25	200,000	54,250,000
2317	鴻海	配對交易	112.25	490,000	55,002,500
2345	智邦	配對交易	282.51	170,000	48,026,700
2345	智邦	配對交易	280.50	267,000	74,893,500
2360	致茂	配對交易	180.64	250,000	45,160,000
2360	致茂	配對交易	179.87	465,000	83,639,550
2379	瑞昱	配對交易	510.00	778,000	396,780,000
2395	研華	配對交易	384.82	97,000	37,327,540
2395	研華	配對交易	384.80	134,000	51,563,200
2801	彰銀	配對交易	16.50	2,000,000	33,000,000

（資料來源：台灣證券交易所）

圖 49-2 上櫃股票的鉅額交易成交資訊

（資料來源：證券櫃檯買賣中心）

50. 為什麼說股價「怎麼上去，就怎麼下來」？

粉絲提問：老師，常聽說股價「怎麼上去，就怎麼下來」，這是什麼意思呢？

天龍回覆：「股價怎麼上去，就怎麼下來」這句老話的下一句，通常是「股價總是會回歸基本面」。其實，套用一句技術派的說法也一樣：「樹再高，也長不到天上去。」股價漲多了，總會跌下來的，就好比人走路走久了總會累的，需要休息一下再繼續前進。

德國著名的投機大師科斯托蘭尼（Andre Kostolany）曾說：「基本面與股價的關係，就像是老人與狗。老人在公園遛狗的時候，小狗活蹦亂跳，有時候會跑得很前面，有時又會停下來或到處跑，不一定會跟著老主人緩慢的步調與方向走；但是不管小狗怎麼跑，最終還是會回到主人的身邊跟著走。」

深究主力進出場動態，就能全身而退

以上是「老人與狗」的理論，也是「股價怎麼上去，就會怎麼下來」的依據。我們看圖 50-1，「廣錠」（6441），它是一檔與電池有關的「能源股」。該圖為月線圖，從 2019 年 10 月開始，股價就一路向上，漲個沒完沒了，但到了 2020 年 10 月，股價開始丕變。又是一路向下，跌個沒完沒了。看圖 50-2 主力進、出場的過程，以及成交量的消長，我們就得到「股價怎麼上去，就會怎麼下來」的明證了。

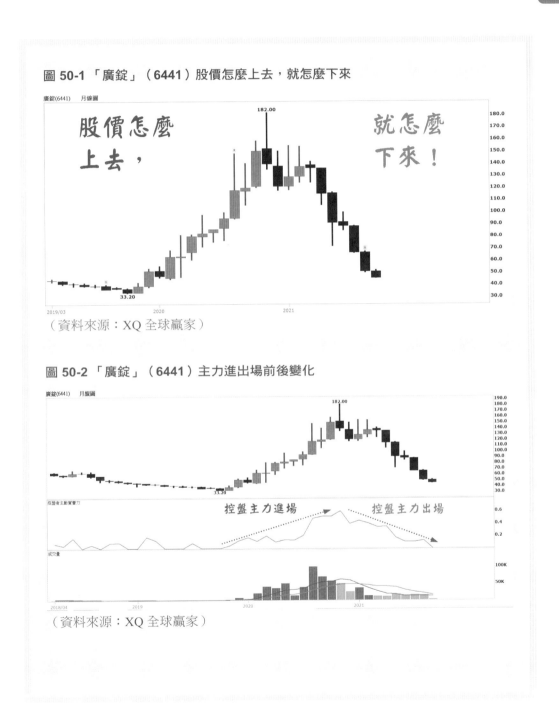

圖 50-1 「廣錠」（6441）股價怎麼上去，就怎麼下來

廣錠(6441)　月線圖

股價怎麼
上去，

就怎麼
下來！

182.00

33.20

2019/03　　　2020　　　2021

（資料來源：XQ 全球贏家）

圖 50-2 「廣錠」（6441）主力進出場前後變化

廣錠(6441)　月線圖

182.00

33.20

控盤者主動買賣力

控盤主力進場　　　控盤主力出場

成交量

2018/04　　　2019　　　2020　　　2021

（資料來源：XQ 全球贏家）

51. 什麼叫做「地雷股」？

粉絲提問：老師，什麼叫做「地雷股」呢？

天龍回覆：「地雷股」顧名思義就是買了可能引爆讓人非死即傷的個股。一般人常常無法僅從觀察財務報表來發現警訊，一方面財報是「落後指標」，另一方面「內部高層」也可能指示要美化財報，所以難以窺知實際的內情。台灣每隔一段時間，常會發生「地雷股」引爆，不可不慎。

要想避開地雷股，除了觀察董監事的誠信為人、持股比例以外，財務報表的「現金流量表」很重要。現金流量表將公司活動，分成「營業」、「投資」與「融資」活動三項，同時，現金流量表是以現金基礎編製，與資產負債表、損益表以應計基礎編製相比，比較不容易被公司管理階層操控用來做假。

技術面跌得太離譜的個股，就宜避開

連年配息、績優股王也可能是地雷股。財務報表的研讀，並非新手可以很清楚掌握，但是，技術面派的學習者，應該可以從技術線形看出一點端倪，例如線型突然連續跳空向下，買氣非常微弱、空方賣壓非常強大。當多種均線一再死亡交叉，就該有所警惕了，怎麼容許股價一直破底？所以迷信基本面的股民比較可能受傷，技術+籌碼面派的投資人是不該到爆雷還沒閃的。

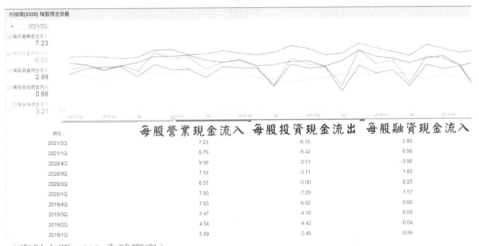

圖 51-1 現金流量表分為三種

1	營業現金流
2	投資現金流
3	融資現金流

（製表：方天龍）

圖 51-2 「台積電」（2330）的現金流量表

台積電(2330) 每股現金流量

期別	每股營業現金流入	每股投資現金流出	每股融資現金流入
2021/2Q	7.23	-6.55	2.89
2021/1Q	8.79	-9.42	0.56
2020/4Q	9.99	-3.51	-3.90
2020/3Q	7.33	-3.71	1.83
2020/2Q	6.57	-5.00	0.23
2020/1Q	7.83	-7.29	-1.57
2019/4Q	7.83	-6.62	-0.66
2019/3Q	5.47	-4.18	-8.84
2019/2Q	4.54	-4.42	-0.04
2019/1Q	5.89	-2.48	-0.86

（資料來源：XQ 全球贏家）

52. 主流股怎麼抓?

粉絲提問:老師常要我們抓「主流股」。請問「主流股」要怎麼抓?

天龍回覆:從強勢股多半屬於哪一種類股,就可知主流股的所在。例如 2020 年初到 2021 年 6 月,由於疫情流行,「恆大」(1325)、熱映(3373)、「美德醫療 DR(9103)」,它們分別在同一時期飆漲,且同屬於一種類股(防疫概念股),就可知那是當時的主流股。

2020 年 8 月起,大約到 2021 年 7 月,是航運股的主流當道,理由是「塞港」、「漲價」。「萬海」(2615)飆漲了 29.8 倍,「長榮」(2603)飆漲了 26.2 倍,「陽明」(2609)飆漲了 49.7 倍。其餘的上櫃航運股,也多半飆漲了近 10 倍。據說有幾位年輕人還因緊抱「航海王」不放,大賺了幾千萬的財富。

兩種方法 SOP,輕鬆抓對主流股

抓主流股,真的很重要。新手若能體會其中的涵義,將能像那幾位年輕人一樣「一夕暴富」,否則沒抓對主流股,往往跌跌撞撞,賺了又賠,周而復始。其實,抓主流是有一定的 SOP 的。請看圖 52-1,這是從上市 19 類的漲幅排行看主流股(上市與上櫃是分開的),每天的強勢族群也可以從其中的「成交比重」加以判斷。另外有一種方法,就是從圖 52-2「細產業」的漲幅排行,也可以看出主流股之所在。

圖 52-1 從上市 19 類的漲幅排行看主流股

類股名稱	時間	指數	漲跌	漲幅% ▽	成交值	成交比重%	平均比重%	比重差%
紡織纖維	13:35	635.03	▲ 12.77	+2.05	18.85	0.52	0.38	+0.14
汽車	13:35	323.17	▲ 6.21	+1.96	7.74	0.21	0.23	-0.02
電子	13:35	839.01	▲ 12.86	+1.56	2331.69	64.54	53.21	+11.33
玻璃陶瓷	13:35	85.71	▲ 1.24	+1.47	4.62	0.13	0.26	-0.13
金融保險	13:35	1601.01	▲ 20.51	+1.30	117.59	3.25	3.97	-0.72
電器電纜	13:35	80.61	▲ 0.93	+1.17	6.06	0.17	0.20	-0.03
塑膠	13:35	287.76	▲ 3.25	+1.14	27.55	0.76	0.83	-0.07
水泥	13:35	186.90	▲ 1.75	+0.95	9.03	0.25	0.26	-0.01
貿易百貨	13:35	370.60	▲ 2.96	+0.81	21.60	0.60	0.90	-0.30
建材營造	13:35	364.11	▲ 2.79	+0.77	11.06	0.31	0.37	-0.06
橡膠	13:35	301.37	▲ 2.27	+0.76	5.77	0.16	0.24	-0.08
食品	13:35	1910.20	▲ 12.05	+0.63	8.23	0.23	0.27	-0.04
鋼鐵	13:35	183.73	▲ 1.09	+0.60	100.06	2.77	3.92	-1.15
其他	13:35	380.50	▲ 1.94	+0.51	43.14	1.19	1.30	-0.11
化學生技醫療	13:35	110.79	▲ 0.45	+0.41	38.73	1.07	1.69	-0.62
觀光	13:35	99.69	▼ 0.02	-0.02	2.37	0.07	0.12	-0.05
造紙	13:35	420.97	▼ 0.77	-0.18	5.12	0.14	0.30	-0.16
電機機械	13:35	233.14	▼ 2.47	-1.05	41.55	1.15	1.28	-0.13
航運業	13:35	254.90	▼ 10.01	-3.78	691.08	19.13	27.05	-7.92

（資料來源：XQ 全球贏家）

圖 52-2 從「細產業」的漲幅排行看主流股

細產業指標 ▽

商品	成交	漲跌	漲幅% ▽	總量	最高	最低	昨收	昨量	內盤家(全)	外盤家(全)
IC基板指標	652.12s	▲ 23.90	+3.80	191.19	652.12	628.72	628.22	146.93	1	3
視訊轉換相關指標	413.45s	▲ 10.90	+2.71	2.41	414.17	403.16	402.55	1.07	3	3
半導體指標	655.28s	▲ 17.17	+2.69	1100.78	657.67	641.40	638.11	877.08	7	11
石英元件指標	572.03s	▲ 13.87	+2.48	7.82	572.74	558.47	558.16	9.92	2	3
USB IC指標	2277.01s	▲ 53.53	+2.41	210.24	2291.55	2177.51	2223.48	115.83	1	3
電子化工材料指標	1738.87s	▲ 38.87	+2.29	7.09	1740.12	1706.33	1700.00	9.04	2	4
利基型記憶體IC指標	693.75s	▲ 12.98	+1.91	94.67	698.05	683.33	680.77	110.57	2	3
IC封測指標	829.37s	▲ 14.83	+1.82	182.62	829.99	816.38	814.54	201.78	12	20
棉紡指標	1023.44s	▲ 16.66	+1.65	1.17	1031.11	1006.78	1006.78	0.86	3	1
光纖產品指標	777.93s	▲ 12.26	+1.60	0.23	781.86	770.28	765.67	0.40	4	3
加工絲指標	768.10s	▲ 11.83	+1.56	2.97	768.46	757.52	756.27	3.57	4	5
銀行指標	219.89s	▲ 3.22	+1.49	9.44	219.98	217.08	216.67	7.99	8	2
IC設計指標	1291.76s	▲ 17.35	+1.36	1207.75	1295.60	1269.14	1274.41	1287.65	38	37
車用電指標	1038.13s	▲ 13.83	+1.35	352.26	1038.13	1026.53	1024.30	392.50	18	13
聚酯纖維指標	525.73s	▲ 6.69	+1.29	8.17	528.80	519.70	519.04	6.33	2	5
農藥指標	220.07s	▲ 2.78	+1.28	0.37	222.89	217.23	217.29	0.75	1	1
橡塑原料指標	2840.60s	▲ 35.01	+1.25	2.96	2852.92	2808.40	2805.59	4.14	3	2
汽車胎指標	679.26s	▲ 7.36	+1.10	5.18	680.21	671.90	671.90	4.55	4	4

（資料來源：XQ 全球贏家）

53. 什麼叫做「洗盤」呢？

粉絲提問：老師，股市好像餐飲業，有開盤、收盤、洗盤⋯⋯。什麼是洗盤呢？

天龍回覆：「洗盤」其實就是一種「甩轎」的動作。主力在拉抬股價之前，為了洗清「浮額」（浮動的籌碼，意指沒有持股信心的人），常會故意先讓股價盤整再盤整，看起來很弱勢的樣子。於是，意志不堅定的短線投資人就會沒有耐心地低價賣出了。接下來，主力就會在這時用力拉抬股價！

主力甩轎的目的，就是不想讓太多散戶搭轎，以免在上漲的過程中，有太多人想獲利下車，徒然增加他拉抬股價時的壓力。很多不了解主力操作意涵的散戶，常會在賣出後發現股價竟然漲停板了，就會跺腳扼腕地大叫：「啊，我被洗掉了！」意即他被主力的「洗盤」動作給甩轎了！

量縮洗盤之後，主力攻堅會過前高

請看圖 53-1，這是以「世界」（5347）為例的「量縮洗盤」過程。❶❸都是主力的拉抬，❷❹都是「洗盤」、「壓盤」的動作，接下來就是一段下殺或盤整的過程，量縮是此一過程的特徵。量縮至極，代表散戶浮額已洗清，然後主力才會繼續有拉抬動作。再看圖 53-2，這是以「世界」（5347）為例的「主力洗盤」過程。浮額不洗清，股價不會漲。怎麼證明是主力洗盤呢？看其後股價跨越前波高點就會明白了。

圖 53-1 以「世界」（5347）為例的「量縮洗盤」過程

（資料來源：XQ 全球贏家）

圖 53-2 以「世界」（5347）為例的「主力洗盤」過程

（資料來源：XQ 全球贏家）

54. 公司的「資本支出」為何與股價的漲跌有關？

粉絲提問：老師，您曾經用公司的「資本支出」來預言未來的漲跌。請問這其中的關連是什麼？

天龍回覆：一家上市櫃公司在公司治理的過程中，一定有高人指點，才敢下重本投資，所以重大的「公司資本支出」，都代表了一個公司的「成長機會」。如果我們能從某些公司重大的「資本支出」中去研究，常會有意外的收穫——例如發現未來隱藏的商機，也就是「轉機股」。

如果「公司有訂單」才會有「重大的資本支出」這個角度去發掘「轉機股」，那絕不是短期可以看出端倪的，一定是要作中長期的規畫。因為「資本支出」指的通常是公司要擴充廠房、增添機器設備等等。如何判斷跟未來的股價有關呢？可以從「現金流量表」去觀察「投資活動」的現金流量。

資本支出大增，機構評等跟著上調

請看圖 54-1，「台積電」（2330）近年的資本支出大增，尤其該公司在近期法說會宣布，再將今年資本支出調整至 300 億美元（約新台幣 8514 億），不但比前一次的 250 億至 280 億美元再上修高達 20％，更較去年資本支出暴增 74％，創下史上最高的紀錄。今年全年營收預期，也上調將年增兩成。請看圖 54-2，各大外資機構的評等，也因而願意給它更高的目標價。

圖 54-1 「台積電」（2330）近年的資本支出大增

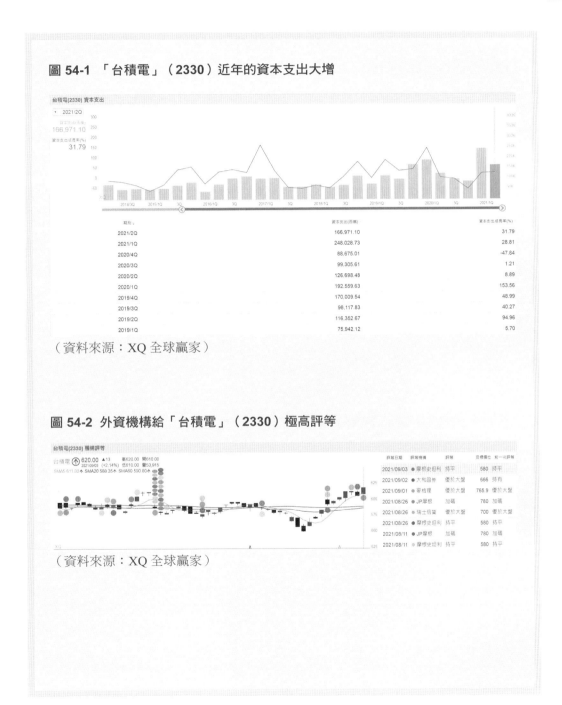

期別	資本支出(百萬)	資本支出成長率(%)
2021/2Q	166,971.10	31.79
2021/1Q	248,028.73	28.81
2020/4Q	88,675.01	-47.84
2020/3Q	99,305.61	1.21
2020/2Q	126,698.48	8.89
2020/1Q	192,559.63	153.56
2019/4Q	170,009.14	48.99
2019/3Q	98,117.83	40.27
2019/2Q	116,352.67	94.96
2019/1Q	75,942.12	5.70

（資料來源：XQ 全球贏家）

圖 54-2 外資機構給「台積電」（2330）極高評等

評等日期	評等機構	評等	目標價	前一次評等
2021/09/03	摩根史坦利	持平	580	持平
2021/09/02	大和證券	優於大盤	666	持有
2021/09/01	麥格理	優於大盤	765.9	優於大盤
2021/08/26	JP摩根	加碼	780	加碼
2021/08/26	瑞士信貸	優於大盤	700	優於大盤
2021/08/26	摩根史坦利	持平	580	持平
2021/08/11	JP摩根	加碼	780	加碼
2021/08/11	摩根史坦利	持平	580	持平

（資料來源：XQ 全球贏家）

55. 為什麼外資偏愛權值股？

粉絲提問：老師，外資為什麼偏愛權值股呢？所謂「權值股」是不是外資押資金最多的個股？

天龍回覆：外資偏愛權值股是錯不了的。台股的殖利率很高，外資通常喜歡把持股比重押在台灣 50 的成分股中。但是，外資所擁有的個股市值佔大盤比重和外資重壓的股票，概念是不一樣的。前者稱為「權值股」，後者叫做「外資重倉股」。

「權值股」所以稱為權值股，就是因為權值越重的公司，代表它的股票市值佔台股比重越大，所以它的漲跌會影響指數的漲跌很大。所以要成為「權值股」至少它的股本要大，同時股價也要高。最明顯的例子就是台積電了，它的市值佔大盤比重高達 29.8662%（見圖 55-1）。所以它的股價一漲，大盤就會跟著大漲。

外資持股高，也可能具有董監身分

至於「外資重倉股」，是指某一檔股票被外資大量買進並持有，具有極大的部位。請看圖 55-2，外資重倉股第一名的公司——「鼎固-KY」（2923），外資持有張數高達 1,728,854 張。該公司股本為 174.03 億，即總共有 174 萬張股票，幾乎都被外資持有了。不過，由於董監可能是外資，故「董監持股」（佔股本 58.5%）和外資持股（佔股本 99.34%）兩者有可能會重複。這是新手必須了解的。

圖 55-1 佔市值比重最大的 5 檔權值股

	代碼	股名	市值佔大盤比重
1	2330	台積電	29.8662%
2	2317	鴻海	2.8866%
3	2454	聯發科	1.6879%
4	6505	台塑化	1.7476%
5	2881	富邦金	1.6317%

（製表：方天龍）

圖 55-2 外資重倉股前 10 名

名次	股票名稱	持有張數	持股市值(千)	持股比例	成交量
1	鼎固-KY(2923)	1,728,854	48,926,557	99.34%	182
2	國泰臺灣加權正2(00663L)	46,500	5,649,750	96.25%	23
3	矽力-KY(6415)	88,734	365,586,136	94.81%	405
4	富邦臺灣加權正2(00675L)	109,164	5,698,361	93.87%	664
5	客思達-KY(2936)	69,476	1,722,997	91.34%	23
6	商億-KY(8482)	100,085	7,206,098	90.62%	11
7	新揚科(3144)	90,706	3,582,870	90.13%	26
8	捷必勝-KY(8418)	70,215	761,835	89.60%	15
9	尼得科超眾(6230)	76,488	13,691,356	88.58%	19
10	大拓-KY(8455)	22,138	397,383	87.78%	1

（資料來源：XQ 全球贏家）

56. 怎麼看「三大法人」和他們的「買賣超」？

粉絲提問：老師，怎麼看「三大法人」和他們的「買賣超」？

天龍回覆：「三大法人」指的是外資、投信和自營商。自營商由於很多是有避險考量的操作行為，加上喜歡進進出出「做量」，所以他們的買賣超，如今已不受重視。新手多半比較關心的是外資和投信這「兩大人」（股民習慣如此稱呼兩大法人）在買賣些什麼股票。

不過，時至今日，兩大法人中的「外資」買賣超資料，已經不太可靠了。因為據我們長期的籌碼研究，發現現在的外資往往是由某些活躍的隔日沖大戶假冒的。他們可能因為具有外資身分，所以其買賣超常常計入「外資買賣超」的資料中，其實是假外資。所以，請看圖56-1，外資買賣超最好看3日以上的資料。

不要太依賴投信，以免被洗盤出場

投信的買賣超似乎比較可靠，但基金經理人也知道大家都在看他們的「買賣超」，尤其不少隔日沖大戶還會吃他們的豆腐，拉高股價、次日就倒貨給他們。所以投信也學乖了，常連續買進幾天後就不買了。請看圖56-2，以「明基材」（8215）為例，投信在下跌或盤整行情中有人倒貨，也未必護盤。他們越來越懂得「洗盤」了。新手參考投信的買賣超，可不能太有依賴性，否則也可能被逼得認賠出場。

圖 56-1 外資 3 日買賣超排行榜

名次	股票名稱	買進	賣出	買超張數	買超金額	收盤價	漲跌
				買超			
1	☐ 聯電(2303)	310,352	142,150	168,202	11,149,591	70.0000	6.00
2	☐ 台積電(2330)	74,444	34,420	40,024	24,647,272	620.0000	13.00
3	☐ 國泰金(2882)	45,140	17,006	28,134	1,662,074	59.6000	0.90
4	☐ 國泰台灣5G+(00881)	26,087	1,293	24,794	441,179	17.9100	0.24
5	☐ 元大台灣50(0050)	24,723	1,796	22,927	3,234,912	141.9000	2.00
6	☐ 華南金(2880)	29,407	9,711	19,695	408,847	20.9500	0.30
7	☐ 永豐金(2890)	39,622	20,633	18,989	266,364	14.1000	0.10
8	☐ 期街口布蘭特正2(00715L)	20,611	1,782	18,829	159,215	8.6000	0.35
9	☐ 中鋼(2002)	76,422	60,256	16,166	610,493	37.4500	0.45
10	☐ 新光金(2888)	38,914	23,437	15,477	146,431	9.3800	0.10

（資料來源：XQ 全球贏家）

圖 56-2 以「明基材」（8215）為例，投信在下跌或盤整行情中未必護盤

（資料來源：XQ 全球贏家）

57. 什麼叫做「當沖大戶」、「隔日沖大戶」？

粉絲提問：老師常常提到「當沖大戶」、「隔日沖大戶」？他們有什麼重要嗎？

天龍回覆：「當沖大戶」比較好理解，就是又買又賣、一日之內沖銷的大戶。隔日沖大戶，原是以「今天買、明天賣」為操作手法的大戶。但是，現今「隔日沖大戶」的面貌已經詭譎多變了，不再那麼呆板，他們有時做三日沖、四日沖，並不是標準的「今買明賣」。

請看圖 57-1 和圖 57-2，這是以同一天「愛普」（6531）為例，「隔日沖大戶」直接用一筆漲停價買進（平均成本就是漲停價）造成的漲停結果。他們拉股價到漲停的速度非常快，就是不想讓你跟上腳步，因為他的目的是希望明天倒貨給你。如果你今天買的價格比他便宜，明天如何和你競爭？

隔日沖大戶股市造量，功德無量

我為什麼特別重視他們的操作標的？因為如果你也是天天都在盯盤的專業投資人就知道，現在股市中最活躍的份子，就是這一群隔日沖大戶（至少有數百家），他們只要是今天買的類股，明天往往就是主流，因為不論明天是否賣或不賣。這些股票都會是盤面上的焦點。他們財力雄厚、敢拚敢衝（沖），也讓這場股市遊戲變得更加生動與有趣。如果不是他們在沉悶的股市中幫忙「造量」，我們何必全天候盯盤呢？

圖 57-1 以「愛普」（6531）為例，隔日沖大戶直接買漲停鎖單

（資料來源：XQ 全球贏家）

圖 57-2 「愛普」（6531）鎖漲停，是隔日沖大戶買漲停價的結果

（資料來源：XQ 全球贏家）

第**4**篇

怎麼畫線和觀察趨勢型態？

58. K 線是什麼？
它是怎麼畫出來的？

粉絲提問：老師，K 線是什麼？為什麼叫做 K 線呢？它是怎麼畫出來的？

天龍回覆：K 線是學技術分析的敲門磚，也是最基本的概念。它是由開盤價、收盤價、最高價、最低價這 4 個價位構成的。據說最早是由日本江戶時代的「本間宗久」發明的，用於米市的交易分析。後來有人把這一套方法在股市發揚光大，於是成為現今最受倚重的技術分析工具。

請看圖 58-1，凡是在盤後看當天的分時走勢圖，如果收盤價高於開盤價時，K 線會以紅色線（或紅色實體線）畫出形狀；相反的，如果收盤價低於開盤價時，K 線會以黑色線（或黑色實體線）畫出來。如果開盤價與收盤價不是當天的最高、最低價，就會出現上影線（頂端為最高價）和下影線（底端為最低價）。開盤和收盤之間的地帶，稱為「實體」。

紅黑色 K 棒，也稱為陰陽線

紅色 K 棒，也稱為陽線；黑色 K 棒，也稱為陰線。請看圖 58-2，這是以「潤泰全」（2915）一日的「分時走勢圖」為例。當天的開盤價、收盤價、最高價、最低價，都有對應到 K 線上。K 線就是這樣畫出來的。當然，K 線的模式也可以套用到一週、一月、一年的線圖上，讓我們透過技術分析來研判行情。

圖 58-1 K 線的基本概念

K 線的基本概念

最高價 ········▶   上影線   ◀········ 最高價
收盤價 ········▶   ◀········ 開盤價

                          實體

開盤價 ········▶   下影線   ◀········ 收盤價
最低價 ········▶   ◀········ 最低價

（繪圖：方天龍）

圖 58-2 K 線的標示位置

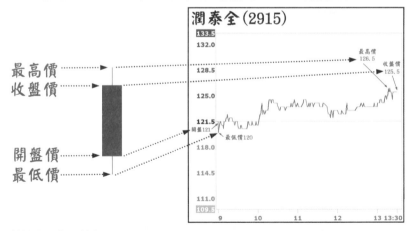

潤泰全（2915）

最高價 ········▶
收盤價 ········▶

開盤價 ········▶
最低價 ········▶

（繪圖：方天龍）

59. 什麼叫做「光頭長紅」？有什麼特別的嗎？

粉絲提問：老師，我剛剛接觸 K 線，請問「光頭長紅」是什麼？有什麼特別的嗎？

天龍回覆：長紅的 K 棒，如果沒有上影線，代表這個收盤價，就是最高價了。它也可能是漲停板價位。因為上影線很像「避雷針」，也很像人的毛髮，所以沒有上影線的 K 棒，我們可以叫它「光頭」，這當然包括「光頭長紅」和「光頭長黑」。同理，「光頭長黑」代表開盤就是最高價了。

請看圖 59-1，既然沒有上影線的叫光頭，有「光頭長紅」和「光頭長黑」；那麼沒有下影線的則叫光腳，包括「光腳長紅」和「光腳長黑」。站在「做多」者的立場來看，光頭代表當天比較沒有壓力，所以可以收最高的價位；相反的，光腳代表收盤已經是最低點了。

光頭長紅，次日開盤容易開高

目前市場上有一批大戶叫做「隔日沖大戶」，他們勇於買漲停價，甚至憑極大的財力用「市價」（不計價）買進，來鎖漲停板的價位，這就造成「光頭長紅」線形。那當日線形必然是最高價，這樣可以造成給人「一股難求」的印象。那麼次日很容易開高，他們就在大量、微利中獲利了結。這是很奇特的戰術，但說也奇怪，只要他們刻意不賣出，第二天的股價仍可能繼續漲停板！圖 59-2 的「康那香」（9919）就是一個好例。

圖 59-1 沒有上影線的叫光頭，沒有下影線的叫光腳

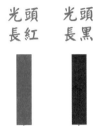

光頭 光頭
長紅 長黑

光腳 光腳
長紅 長黑

（繪圖：方天龍）

圖 59-2 光頭長紅次日，容易開高甚至再收漲停

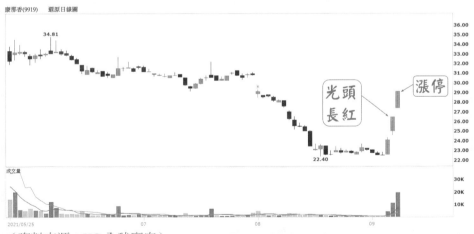

（資料來源：XQ 全球贏家）

60. K 線有哪些適合做多的型態？

粉絲提問：老師，我不會放空，那麼我該如何學習適合做多的型態呢？

天龍回覆：做多的 K 線型態極多，以單一 K 線來說，「長紅線」、「長腳十字」、「蜻蜓十字」、「鎚子線」、「倒鎚線」都是比較偏多的 K 線。不過，單一 K 線的功能變化比較多，不要太過重視。最好是由「多條 K 線」組合而成的做多型態，成功率比較高。

請看圖 60-1，我們的護國神山「台積電」（2330）在 2021 年 1 月下旬來到 673 元，股價就不太漲了，至少盤整了七個月沒再突破。主因是專家認為台積電該反映的利多，差不多已經提早滿足了。於是，股價滑了下來。所幸 5 月 12 日的一根黑 K 棒的超長下影線，把行情穩住了，終於止跌。

紅三兵，如擂鼓前進的攻堅隊伍

台積電是個特例，這麼長的下影線確屬少見。做多的型態，仍以多根 K 棒組合的較佳，例如「多頭吞噬」、「貫穿線」、「雙鎚打樁」、「母子晨星」、「一紅吃三黑」、「紅三兵」等等……都是做多的 K 線型態（如果不懂，可以進階參考拙著《100 張圖學會 K 線精準判讀》，財經傳訊出版）。請看圖 60-2，這是以「潤泰新」（9945）為例，紅三兵在它長線大漲的過程中不斷出現，明顯證明這個做多型態非常有效。

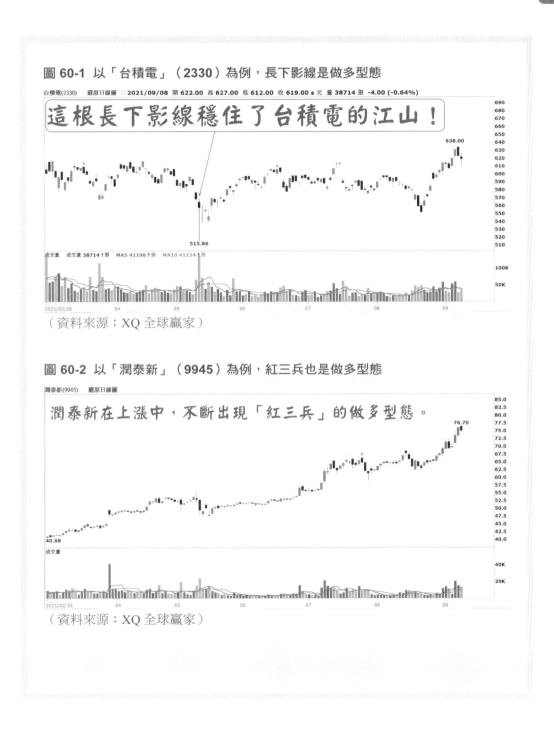

圖 60-1 以「台積電」（2330）為例，長下影線是做多型態

這根長下影線穩住了台積電的江山！

（資料來源：XQ 全球贏家）

圖 60-2 以「潤泰新」（9945）為例，紅三兵也是做多型態

潤泰新在上漲中，不斷出現「紅三兵」的做多型態。

（資料來源：XQ 全球贏家）

61. K線有哪些適合做空的型態？

粉絲提問：老師，我想試著放空，可是不知道什麼樣的做空 K 線型態可以選擇？

天龍回覆：做空的 K 線型態極多，以單一 K 線來說，「長黑線」、「流星線」、「墓碑十字」、「天劍線」、「吊人線」都是比較偏空的 K 線。不過，還是如前一篇文章所說的：單一 K 線的功能變化比較多，不要太過重視。最好是由「多條 K 線」組合而成的做空型態，成功率比較高。

請看圖 61-1，以「美德醫療-DR」（9103）為例，❶是做多單一型態的 K 棒，名為「蜻蜓十字」，然而碰到第二天❷的「長黑線」，就形成了「空頭吞噬」的 K 線做空組合型態，股價就會下跌了。❸是墓碑十字線，又是引導下跌的關鍵。再如❹這是光頭長紅，碰到❺光腳長黑，盤勢又得往下了。

空頭三星，扭轉六根漲停的飆股命運

因此，做空的型態，仍以多根 K 棒組合的較佳，例如「空頭吞噬」、「烏雲罩頂」、「雙鴨躍空」、「夜空雙星」、「空頭三星」、「雙日反轉」等等……都是做空的 K 線型態（如果不懂，可以進階參考拙著《100 張圖學會 K 線精準判讀》，財經傳訊出版）。請看圖 61-2，這是以「千興」（2025）為例，❶❷❸形成一個「空頭三星」的做空型態，即使前面連飆六根一字型漲停也沒用。股價怎麼上去，就怎麼下來！

圖 61-1 以「美德醫療 -DR」（9103）為例的做空 K 線型態解說

（資料來源：XQ 全球贏家）

圖 61-2 以「千興」（2025）為例的做空 K 線型態解說

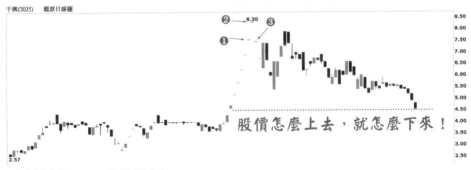

（資料來源：XQ 全球贏家）

62.「股票箱」是什麼？
「箱型整理」時怎麼操作？

粉絲提問：老師很少講「股票箱」，到底它是什麼東東？「箱型整理」時怎麼操作呢？

天龍回覆：我確實很少講「股票箱」理論，因為這是很古老的一個理論，由紐約芭蕾舞星尼古拉・達瓦斯所提出。他本來是股票的外行人，但業餘用心研究，發現一套「股票箱」的操作方法，幫他從大約合 9 萬元台幣，在幾年間賺到大約台幣 6000 萬元。於是很興奮地寫了一本《我如何在股市賺進 200 萬美元》。

依我們現在看來，這套理論太初階了，是股市小白必學的基本概念。對於高手來說，幾乎都已經了解。但在他那個時代卻是很興奮的發明。請看圖 62-1，「股票箱」理論，就是「箱型理論」，你必須會畫出這樣的圖形。操作方法，我已經在其上加以註解，一看就懂。

畫出箱型，突破買進跌破賣出

至於箱型整理時怎麼操作？如果沒有那麼精於短線操作，只要「等待」就行了。請看圖 62-2，以「南電」為例，當箱型平台整理區間，精於短線操作的人可以在箱型底部進場，箱型頂端出場，周而復始，反覆操作。否則「等待」突破箱型整理之後，再行買進，這樣比較簡單。當股價進入第二個箱型時，再以新的箱型底部為新的停損點，以新的箱型頂端突破為「加碼點」。如此操作，將非常穩健。

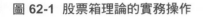

圖 62-1 股票箱理論的實務操作

股票箱理論

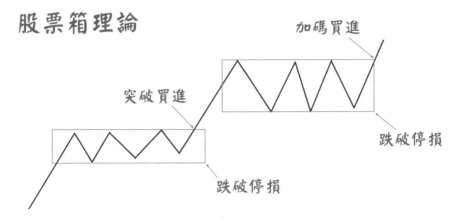

加碼買進

突破買進

跌破停損

跌破停損

（繪圖：方天龍）

圖 62-2 以「南電」（8046）為例的股票箱操作法

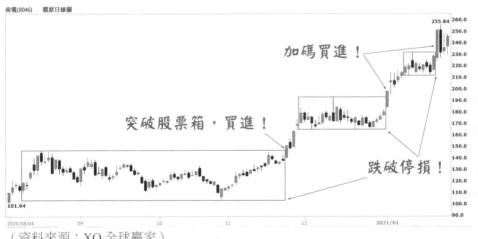

加碼買進！

突破股票箱，買進！

跌破停損！

（資料來源：XQ 全球贏家）

63. 買黑賣紅,對呢? 還是「買高賣更高」才對?

粉絲提問:老師,為什麼有人說要買紅賣黑,卻不是買黑賣紅? 有一種說法「買高賣更高」,對嗎?

天龍回覆:從學習者的角度來說,股市小白還是比較適合「低檔買黑、高檔賣紅」。這種傳統的操作方法對於新手或小資男女比較合適。當你摸不清是初升段、主升段還是盤整行情,就會常常追高殺低。同時,你的財力也改變不了漲跌的態勢,因而模仿法人操作的結果,很容易被套牢。

高手因知道目前是處於上升波,自然可以「買高賣更高」,有些大戶更財力雄厚,他一買,股價就上去;一賣,股價又下來,自然容易順勢操作、追漲。有些大戶還會追漲停、鎖漲停,因為次日他還能做出「開高」的盤,當然容易「買高賣更高」。而小資男女撼不動行情,乖乖在低檔買進,是比較安全的。

上下坡路分清楚,追漲也要看趨勢

該買紅賣黑,還是該買黑賣紅?主要還看股價的趨勢。請看圖 63-1,「和康生」(1783)在 78.81 的位置,分左、右兩邊。左邊是上坡路,右邊是下坡路。那麼當我們走上坡路的時候,當然是「買高賣更高」;但走下坡路時,如何「買高賣更高」呢?再看圖 63-2,以「聯發科」為例,一直在盤整的股票,最好買黑賣紅(指在箱型內底部買、頂端賣)。只有當股價突破箱型之後,才可追漲。

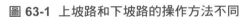

圖 63-1 上坡路和下坡路的操作方法不同

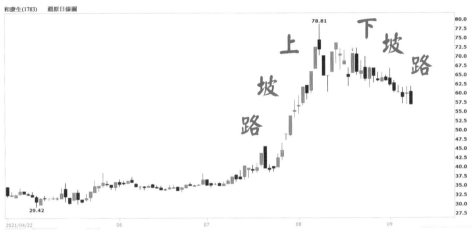

（資料來源：XQ 全球贏家）

圖 63-2 盤整的股票，只宜買黑賣紅

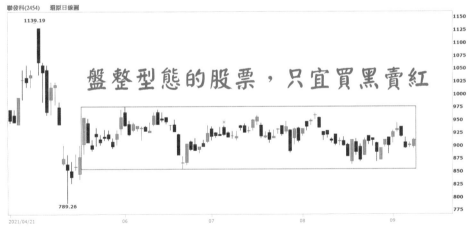

（資料來源：XQ 全球贏家）

64. 如何分清楚是上漲、盤整，還是下跌趨勢？

粉絲提問：老師，上、下坡路是事後論，我們當時怎麼分辨是上漲、盤整，還是下跌趨勢？

天龍回覆：股票價格，只有「漲、跌、盤」三種情況。從前有個故事說，兩位大人在爭辯股票是漲還是跌的時候，旁邊天真活潑的小孩一眼就看出：是下跌啊！為什麼不懂股票的小孩，反而比大人更準確呢？因為旁觀者清。有的大人做慣短線，反而不如把線圖拿遠一點來看，才不會「霧裡看花」。

能畫出股價的「趨勢線」，當然是最快的方式。但也有很多其他的方法，可以判斷股價的未來趨勢。所謂「未來」的趨勢，不能掌握的話，那就不可能「順勢操作」了。因為若趨勢都不知道，怎麼順「勢」呢？我認為有一個高明的方法，就是看均線是上彎還是下彎。

我的向上向下趨勢，用不同參數判斷

請看圖 64-1，「中華化」（1727）從近期的高點回顧，當然知道近期是上漲行情。那麼最早可在哪天發現趨勢呢？我們可用 5、20 日均線交叉作標準。從❶到❷之間，這麼多日子，我們很難判斷未來是漲還是跌，可是❸卻透露出了上漲的訊息。再看圖 64-2，「敦泰」（3545）從❶到❷，我們已經看出是上漲，那何時可知未來會下跌？那就是❸（5、10 日均線交叉向下）。兩種參數不同，是我獨家的判斷方法。

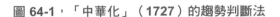

圖 64-1，「中華化」（1727）的趨勢判斷法

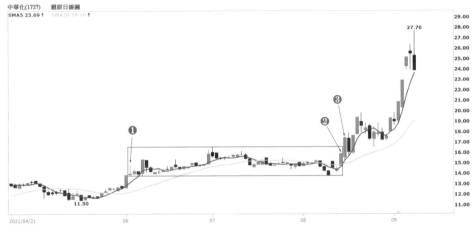

（資料來源：XQ 全球贏家）

圖 64-2，「敦泰」（3545）的趨勢判斷法

（資料來源：XQ 全球贏家）

65. 如何正確畫出「趨勢線」?

粉絲提問：老師，怎麼畫「趨勢線」才正確呢？

天龍回覆：雖然我們用肉眼即能判斷一張日線圖的 K 線走勢是上漲，還是下跌，不過，對於新手來說，練習畫一條趨勢線，也是必要的。不但能彰顯科學的、客觀的精神，更能判斷未來可能的走勢。

首先，要練習用一張日線圖來標示。最好用「原始日線圖」，因為與權值、填不填息無關，以存原始面貌為佳。其次，在這張圖中，先瞄一眼，如果是上漲的，就找出最低的兩個點連接起來，延伸之；如果是下跌的，就找出兩個高點連線。請看圖 65-1，這是以「揚明光」（3504）為例，❶❷連線可畫出一條上升趨勢線。再看圖 65-2，這是以「高端疫苗」（6547）為例，❶❷連線可畫出一條下降趨勢線。

上漲畫支撐線，下跌畫壓力線

為什麼要在高處畫壓力線、在低處畫支撐線呢？因為「上漲不言頂，下跌不言底」。股價漲跌是很難控制的，更難知道高點在哪裡、低點在哪裡。有人甚至說過：「大牛市或大熊市來臨時，瘋狂起來，什麼事都可能發生」。所以，我們只能在漲的時候，畫支撐線防守；在跌的時候，畫壓力線看何時再翻身（上漲只看撐，下跌只看壓）。這是操作的基本精神。

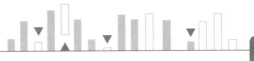

圖 65-1 以「揚明光」（3504）為例，畫一條趨勢線

（資料來源：XQ 全球贏家）

圖 65-2 以「高端疫苗」（6547）為例，畫一條趨勢線

（資料來源：XQ 全球贏家）

66. 什麼叫做「壓力」？
什麼叫做「支撐」？

粉絲提問：老師，什麼叫做「壓力」？什麼叫做「支撐」呢？

天龍回覆：「壓力」與「支撐」探討的是股價所處的位置碰到的環境阻抗或扶持。當股價到了一個高點，沒了追價意願，就會停滯不前，這就來到了「壓力區」。接下來，形成「不進則退」的宿命，一直跌到某一個低點，堪稱「跌無可跌」的時候，又來到了一個有扶持股價作用的鐵板「支撐區」。

如果這時既不能突破「壓力」或跌破「支撐」，以改變慣性，就會在這兩者之間上上下下，形成「整理」（又叫「盤整」）狀態。「盤整」是上漲、下跌之外的另一形態。但是，壓力一旦突破，或支撐一旦跌破，「壓力」和「支撐」的角色，也可能互換。請看圖 66-1，這就是支撐、壓力區的互換。

壓力區過不了，則退守支撐區

再看圖 66-2，我們以「揚明光」（3504）為例，這是近期某一天的 5 分鐘走勢圖，當股價在 109.5 這一條線上（圖中藍色虛線所構成的方框上緣）盤整多次都無法正式突破時，不久，我們就發現股價突然急切地下殺了。這就表示「壓力區過不了，不進則退」的原理正在實現中。下殺的底部在 101 附近才止跌。101 的底部，藍色虛線所構成的方框 K 棒是「多頭吞噬」組合型態，正是支撐所在。此後就沒再有更低價了。

圖 66-1 支撐、壓力區的互換

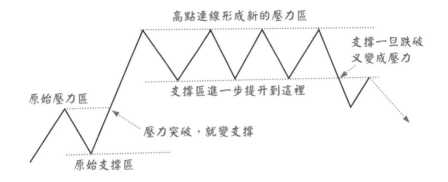

高點連線形成新的壓力區

支撐一旦跌破
又變成壓力

原始壓力區

支撐區進一步提升到這裡

壓力突破，就變支撐

原始支撐區

（繪圖：方天龍）

圖 66-2 壓力區過不了，則退守支撐區

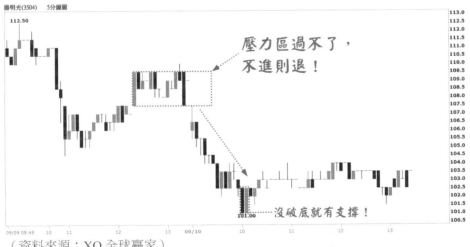

揚明光(3504)　5分鐘圖

壓力區過不了，
不進則退！

沒破底就有支撐！

（資料來源：XQ 全球贏家）

67. 如何畫出上漲和下降趨勢的「壓力線」？

粉絲提問：老師，上漲和下降的趨勢有沒有辦法界定呢？怎麼分別畫出壓力線？

天龍回覆：雖然說上漲不言頂，只要看支撐就可以了。但是，不論上漲和下降的趨勢，也都一樣會有壓力區。找出兩個盤中最高價，將之連線，然後往後延伸，就會構成「壓力線」。如果這個趨勢是由「左下」向「右上」延伸，就叫「上升趨勢」；由「左上」向「右下」延伸，就叫「下降趨勢」。

另外一種是您沒有問到的，就是「橫向趨勢」——它由「左邊」向右邊」延伸。上漲、橫向、下降等三種趨勢，都可以畫出「壓力線」。方法就是找出兩個高點加以連線，然後延伸之。重點是這「兩個高點」必須是「盤中的」高點。因為這樣才比較客觀。同時，也不必用到還原值，只要取原始值即可。

連接兩個高點，要採取盤中最高價

請看圖 67-1，以「世芯-KY」（3661）為例，這是該檔股票的日線圖（不必使用還原日線圖），連接❶、❷兩個高點（注意，這都是當天盤中的最高點），然後延伸下去。我們可以發現它是由左下到右上，所以是上升趨勢線，而這條趨勢線已被最近的高點 819 突破了！再看圖 67-2，這是以「廣錠」（6441）為例，連接❶、❷兩個高點，確實是由左上至右下，近期股價仍未突破下降趨勢線。

圖 67-1 以「世芯-KY」（3661）為例的上升趨勢壓力線

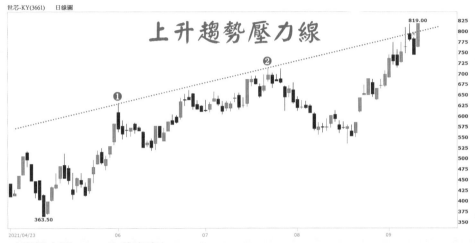

（資料來源：XQ 全球贏家）

圖 67-2 以「廣錠」（6441）為例的下降趨勢壓力線

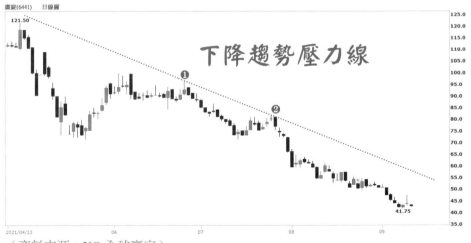

（資料來源：XQ 全球贏家）

68. 如何畫出上漲和下降趨勢的「支撐線」？

粉絲提問：老師，上漲和下降的趨勢都有支撐線吧？怎麼分別畫出支撐線？

天龍回覆：我們說過，只要找出兩個低點加以連線，就可以畫出上漲或下跌趨勢的支撐線。而橫向趨勢呢？當然可以比照辦理。不過，橫向的兩點很難做到非常工整。總有高低之別。如果真的非常整齊，就直接用畫箱型（可參考本書第 62 單元的股票箱理論）的方式處理即可。

上升趨勢若跌破，仍有均線可以支撐

請見圖 68-1，這是以「智原」（3035）為例的上升趨勢支撐線。在股價進行過程，連接❶、❷兩個低點的延伸線不可以被跌破。跌破表示「支撐線」無效。既然無法支撐，就可能再創新低。不過，由於是上升趨勢，一般都在均線之上，以該圖最接近的半年線、年線來說，股價碰到這兩線均線也可能有所支撐。

請看圖 68-2，這是以「美德醫療-DR」（9103）為例的下降趨勢支撐線，連接❶、❷兩個低點的延伸線，一般都會有支撐。不過，一旦跌破下降趨勢支撐線，都會很慘，因為它的均線往往在股價之上，因而股價一跌，就很難再繼續利用均線的支撐加以保護。那怎麼辦呢？萬一這條下降趨勢線再破底，可以等一等，如果三天內都沒有回到支撐線上，那才是「真跌破」。如能繼續站回支撐線上，才有向上發展的可能。

圖 68-1 以「智原」（3035）為例的上升趨勢支撐線

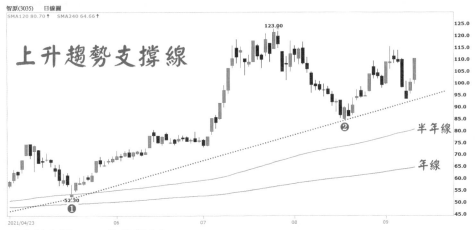

（資料來源：XQ 全球贏家）

圖 68-2 以「美德醫療 -DR」（9103）為例的下降趨勢支撐線

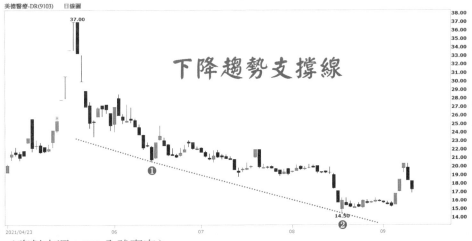

（資料來源：XQ 全球贏家）

69. 如何同時畫出「支撐線」和「壓力線」？

粉絲提問：老師，有時日線圖不會只有一個方向，是不是該把支撐和壓力線同時畫出？

天龍回覆：沒錯，任何頻率的線圖（月、週、日、分鐘線等等）中，不一定是「單邊行情」（指的是多頭或全是空頭的行情），有些區間是向上攻堅的，也有些區間是向下滑落的。所以，如能同時畫出「支撐」和「壓力」線，便可以看出多空方向，以及轉折點。

請看圖 69-1，這是以「宣德」（5457）為例，同時畫出支撐與壓力線。從❶到❷的「A 線」下降趨勢壓力線被突破，它的轉折點就在❸這根長紅棒。原本是非常看好的，但 B 線卻再度被❹這根黑 K 棒跌破。然後就橫盤整理了一段時間，才又繼續向 B 線挑戰，接下來就要期待股價再站上 B 線了。

多空互換趨勢變化，暗示轉折點位

請看圖 69-2，這是以「長榮」（2603）為例，同時畫出支撐與壓力線。圖中的 A 線，是一條上升趨勢的支撐線，結果被❶這根黑 K 給破壞了。於是，整個方向就轉換成下降趨勢。後來，行情轉為橫向趨勢。❷和❸可說是行情改變的轉折點。它們分別為新的橫盤行情的底部和頂端。D 線是橫向趨勢的支撐線，❹一靠近就反彈而上。C 線則是橫向趨勢的壓力線，股價必須跨越 C 線超過❸的高點，才有攻堅的力量。

圖 69-1 以「宣德」（5457）為例，同時畫出支撐與壓力線

（資料來源：XQ 全球贏家）

圖 69-2 以「長榮」（2603）為例，同時畫出支撐與壓力線

（資料來源：XQ 全球贏家）

70. 「指標背離」是什麼？怎麼畫線呢？

粉絲提問：老師，「指標背離」是什麼？怎麼畫線呢？

天龍回覆：指標，指的是技術指標，所以分為很多種，例如量價關係、RSI、KD 等等都有和股價（或指數）背離的情況。當發現股價或指數與技術指標「背離」，就說明出現了特殊的徵兆，可以預作準備（買進、加碼、減碼、賣出等）。換句話說，技術指標背離是用來幫助判斷未來的變化的。

請看圖 70-1，這是以「加權指數」（TSE）為例，❶這一個區段指數大幅下滑，可是❷卻是此一區段的成交量變化，和指數正好相反（動能不斷增長），也就是「價量背離」。這個徵兆提醒我們，未來的指數可能會和指標一樣，是向上的。果然❸證明了大盤後來有一大段多頭行情。

指標背離，透露出不為人知的玄機

請看圖 70-2，這是以「昱捷」（3232）為例，說明「指標背離」的情況。這是一家 IC 零組件的通路商。2021 年 4 月起，它的營收就一直突飛猛進。我們即使並不了解它的基本面，但是知情者在這檔股票中顯然已悄悄介入。我們如何看出來呢？❶是股價的走勢，一度橫向盤整，讓我們看不出有主力大戶悄悄介入的痕跡。可是❷是它的KD 指標，指標明顯向上發展。後來股價果然噴出了！懂的人就可以事先介入。

圖 70-1 以「加權指數」（TSE）為例，說明「價量背離」的情況

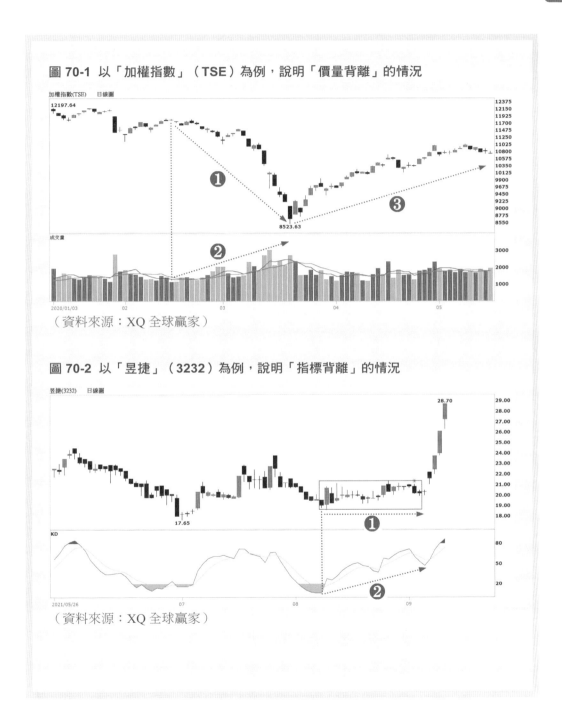

（資料來源：XQ 全球贏家）

圖 70-2 以「昱捷」（3232）為例，說明「指標背離」的情況

（資料來源：XQ 全球贏家）

71. 「價量累計圖」是什麼？如何觀察？

粉絲提問：老師，「價量累計圖」是什麼？有什麼功用？怎麼看待才好？

天龍回覆：買賣股票總要找出買賣點，而買賣點和「支撐」、「壓力」的概念離不開。假如一檔股票在某一個價位支撐不住，你買了可能會跌破，那就很容易套牢了。「價量累計圖」也是一種可以看出支撐、壓力位置的方法。最重要的是找出股價成交最大量的所在。

請看圖 71-1，以「祥碩」（5269）為例，我們可以看出它成交量最大的是在 1450～1500 左右。這是大支撐。股價跌到這裡，應有較大的防守力量。第二大的成交量區在 1800～1850 的價位附近。這是中支撐。算是較近期的支撐。如果要找即時的支撐，應該在 2250～2300 左右。但因為它的量並不大，所以是小支撐。

統計圖大成交量區，可看出支撐或壓力

請看圖 71-2，這是同一股票當天的「分時走勢圖」。如果用「分價圖」來看，和日線圖的「價量累計圖」的意思一樣。從該圖的右下方，可以看到收盤是 2365，但是成交量最大的部分在 2345。這是更精確的統計了。總之，不論是日線圖的「價量累計圖」或當天盤中的「分價圖」，只要當時的股價低於統計圖「大量區」，是壓力；高於「大量區」就是支撐！

圖 71-1，以「祥碩」（5269）為例，看價量累計圖

（資料來源：XQ 全球贏家）

圖 71-2，這是「祥碩」（5269）當天「分價圖」統計結果

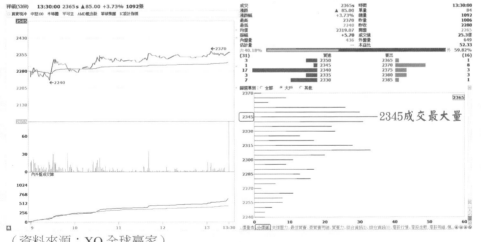

（資料來源：XQ 全球贏家）

72. 「布林通道」和「軌道線」有什麼不同？

粉絲提問：老師，「布林通道」和「軌道線」有什麼不同呢？

天龍回覆：請看圖 72-1，這樣的圖應該很常見吧？「布林通道」，從前的翻譯名稱多得不得了，現在慢慢統一了。它是由三條線構成：上線、下線，也稱為「高軌」、「低軌」，中間那一條線則是 20 日移動平均線。上線也可稱為壓力線，通常是用中線加 2 個標準差；下線也稱為支撐線，通常是用中線減 2 個標準差。

「布林通道」的原始理論是：股價碰到上線或上線之外，代表「未來下跌的機率會相對比較高」；股價碰到下線或下線之外，代表「未來上漲的機率會相對比較高」。不過，現代的實戰派高手都有各自一套不同的見解。例如站上「上線」（即高軌）或黏著高軌走，反而會走出更大的行情來。

布林中線為 20 日線，軌道中線為 10 日線

請看圖 72-2，這是「軌道線」指標，看那五彩繽紛如五線譜一般的圖形，是否也很美觀呢？它和「布林通道」不同的是：布林通道有三條線，中間那一條是 20 日線；而軌道線有五條線，中間那一條是 10 日線。但由於不同商品、不同股性、不同操作模式，也有人把參數設為三條線。同時上緣壓力線和下緣支撐線的設定也不同，變化很多，所以目前反而不如「布林通道」的使用那麼普遍。

圖 72-1 「中探針」（6217）的「布林通道」指標

（資料來源：XQ 全球贏家）

圖 72-2 「中探針」（6217）的「軌道線」指標

（資料來源：XQ 全球贏家）

73. 「SAR」指標，講的是什麼呢？

粉絲提問：老師，我在很多書上看到「SAR」指標的解釋，都不知所云。可否告知這到底是講什麼呢？

天龍回覆：這個指標是 1970 年代，由威爾斯・威爾德（Wells Wider）所提出。這位大師發明了不少指標，例如 RSI、DMI、ADX、ATR、SAR 等，都是他的傑作。您看到的可能是「翻譯體」的文章，所以不易懂。請看圖 73-1，這是公式的一部分，太學術味，並不好理解，何況是股市小白！

我在「方天龍講座」時，用不到 5 分鐘就把它講清楚了。因它理論雖然很專業，但操作簡單，一說就懂。「SAR」可翻譯作「停損點轉向操作系統」，也可稱「拋物線指標」，因為它是利用拋物線的方式，隨時調整停損點位置，用來觀察買賣點。由於停損點是以弧形方式移動，所以是一種拋物線轉向指標。

達到滿足點，多空轉向還要反手操作

請看圖 73-2，這是以「潤泰新」（9945）為例的 SAR 操作示意圖。凡在股價之下的小點，都應該站在買方；在股價之上的小點，則要站在賣方。這也和我說的「乒乓戰術」理論，有點類似，買進時就要設停損，達到滿足點不但要停利，還得反手放空。這是「停損點轉向」的意義。只要是單邊行情，停利點就會一直上移，因而績效是大賺小賠。不過，盤整行情也有交易過度的缺點。

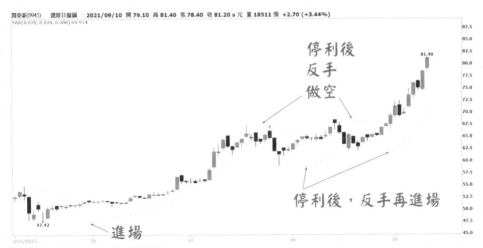

圖 73-1 SAR 公式不理解可以忽略

$$SAR（n）=SAR（n-1）+AF[EP（N-1）-SAR（N-1）]$$

其中，SAR（n）為第n日的SAR值，SAR（n-1）為第（n-1）日的值

AF為<u>加速係數</u>，EP為<u>區域極值</u>

（製表：方天龍）

圖 73-2 以「潤泰新」（9945）為例的 SAR 操作示意圖

潤泰新(9945)　還原日線圖　2021/09/10 開 79.10 高 81.40 低 78.40 收 81.20 s 元 量 18511 張 +2.70 (+3.44%)
SAR(0.020, 0.020, 0.200) 69.93↑

停利後
反手
做空

81.40

停利後，反手再進場

47.42

進場

2021/05/07

（資料來源：XQ 全球贏家）

第**5**篇

技術面和資券籌碼問題淺釋

74. 「一張不賣，奇蹟自來」是什麼意思？對嗎？

粉絲提問：老師，常常聽到股市前輩說「一張不賣，奇蹟自來」，這是什麼意思？對嗎？

天龍回覆：這句話現在已成股市流行語了。2020 年初，某爆料團體炒作「美德醫療-DR」（9103），呼籲「一張不賣，奇蹟自來」，結果竟把股價從圖 74-1 的❶1.43 元起漲點拉到❷78 元最高價，如今又跌到❸17 元。真的是：股價「怎麼上去，就怎麼下來」，造成一波跟進者被套牢，哀鴻遍野。

根據 2021 年 8 月 17 日報載，「台驊投控」（2636）老董也說過類似的話，指出海運面臨缺櫃、缺艙、缺工、缺車等四缺問題，未來一年恐難解決，甚至可能拉長到 2 年。所以他對投資海運也抱持「一張不賣，奇蹟自來」的看法。看圖 74-2，該股從❶40.1 元漲到❷321元，現今又跌到❸152 元。不啻黃樑一夢！

究竟該不該賣，要看是否選對買進時機

「對的股票遇上對的時機」很重要。對長期投資的人來說，「一張不賣，奇蹟自來」必須建立在好公司、股價在低點，同時還要有一整年都不賣股票的決心和耐性才行。只要公司沒有下市，漲漲跌跌，最後股價都會「還我公道」，先來後到者都仍有機會賺錢。否則選在炒高了的股價才進場，可能幾十年也很難翻身。早年台股崩盤後被套在 2000 多元金融股的人，不是到現在還無法解套嗎？

圖 74-1 「美德醫療 -DR」（9103）的週線圖

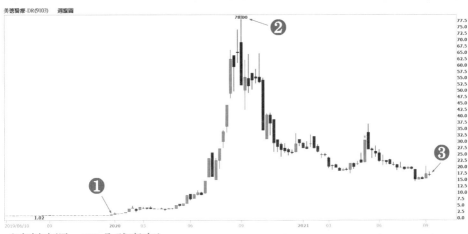

（資料來源：XQ 全球贏家）

圖 74-2 「台驊投控」（2636）的週線圖

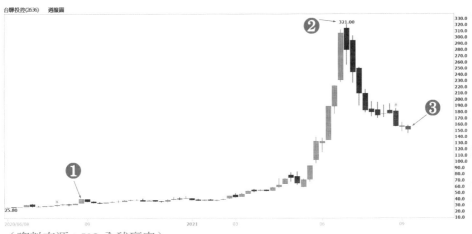

（資料來源：XQ 全球贏家）

75. 「移動平均線」是什麼？如何利用它找買賣點？

粉絲提問：老師，「移動平均線」是什麼？如何利用它找買賣點？

天龍回覆：現在的股價和你持股成本的距離，就是「價差」，也就是「報酬率」。而「移動平均線」就是一段區間所有人的持股平均成本。例如 5 日移動平均線，就是最近 5 天的價格加起來之後的平均數；10 日移動平均線，就是最近 10 天的價格加起來之後的平均數。以下類推。

5 日線，就是 5 日移動平均線的簡稱；10 日線，就是 10 日移動平均線簡稱。以這兩條線來說，5 日線就是短期均線，10 日線就是長期均線。當短期均線值大於長期均線值的時候，就適合做多，也是買點；短期均線值小於長期均線值的時候，就適合做空，也就是賣點。

長短期均線的位置比較，可以決定買賣點

既然已經知道長、短期均線的多空關係，那買賣點的尋找就不困難了。我們以 5 日線為短期均線，以 20 日線為長期均線。請看圖 75-1，這是以「加權指數」（TSE）為例，❶、❸都是 5 日線的值大於 20 日線的值，所以是買進點；❷是 5 日線的值小於 20 日線的值，所以是賣出點。請看圖 75-2，同理，❶、❸、❺都是賣出點；❷、❹、❻才是買進點。

圖 75-1 以「加權指數」（TSE）為例為例尋找買賣點之解說

（資料來源：XQ 全球贏家）

圖 75-2 以「永光」（1711）為例尋找買賣點之解說

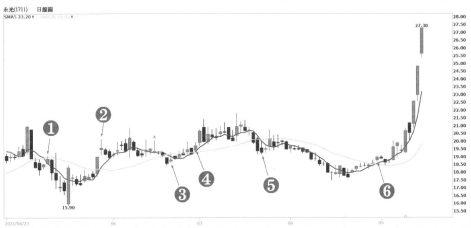

（資料來源：XQ 全球贏家）

76. 如何選擇「移動平均線」的「參數」？

　　粉絲提問：老師，「移動平均線」的數據似乎很複雜，高手和一般股民的設定有何不同？

　　天龍回覆：像前文中提到的 5 日線、10 日線、20 日線，這樣的數據叫做「參數」，各人都可以依自己的需要設定不同的參數。比較常用的大概就是 5、10、20、60 日線。這是最普通也是一般人最常用的 4 條線，如果依短、中、長期由上往下來排列，就叫「4 線多頭排列」，也叫「4 線開花」。

　　雖然很多高手都有自己獨特的參數，但其實 18、20、22 日線功效差不多，58 和 60 日線也大同小異。可是，報載有人用一條 58 日線幾年內賺到×千萬元。於是，新手就一直問到 58 日線。這在我看來，就好像國術賽中一場混仗之後，勝利者說「我是靠一招降龍 18 掌把對手制伏的」一樣可笑。

越多人使用的參數，越容易助漲助跌

　　坊間最簡單的方法，莫過於使用一條均線，就能解決所有的問題。目前以一條週線來判斷多空進出場點為依據，最簡單的就是以 20 週為參數（見圖 76-1）；以日線圖來看，則以 60 日為參數最普遍（見圖 76-2），因為 60 日線又叫生命線，很多法人都以此為大波段進出依據。其次，就是以 20 日線為多空分界線。其實，越普遍、越多人使用的參數，越容易助漲助跌，也就越準確。

圖 76-1 以「晶焱」（6411）為例的 20 週線設定法

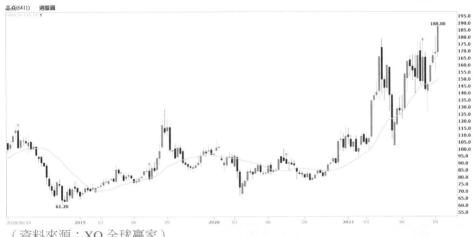

（資料來源：XQ 全球贏家）

圖 76-2 以「陽明」（2609）為例的 60 日線設定法

（資料來源：XQ 全球贏家）

77. 指標「鈍化」是什麼意思？
是好還是不好？

粉絲提問：老師，我是股市小白，請問指標「鈍化」是什麼意思？是好還是不好？

天龍回覆：指標「鈍化」，通常出現在 RSI 或 KD 中。以 KD 來說，首先你必須先知道什麼叫做「超買」、什麼叫做「超賣」。超買就是 KD 值＞80，代表股價可能表現較為強勢，很可能繼續保持強勢並且上漲。超賣就是 KD 值＜20，代表股價可能表現較為弱勢，很可能繼續保持弱勢導致下跌。

具體地說，如果股價連續 3 天都強勢地往多或空的方向漲或跌，KD 指標就會出現很難反應過去一段時間高低點位置的情況，KD 會長期維持在高檔（＞80）或低檔（＜20）。這時 KD 就很難做出高低判斷，同時也難以判斷轉折狀況。不論黃金交叉或死亡交叉，都沒有意義。這就是「鈍化」的意思。

強者恆強，指標高檔鈍化是好事

從前的觀點認為「超買」就是「過熱、該賣了」；「超賣」就是「賣過頭了、該買回來了」。但是，現代的技術派新觀點卻認為既然 KD 指標鈍化，是代表股價極端強勢（或弱勢）的現象，基於「強者恆強」的原理，反而應該要追價才對。請看圖 77-1，「萬海」（2615）為例，指標高檔鈍化反而容易繼續上漲。圖 77-2，以「今皓」（3011）為例，指標低檔鈍化後跌到谷底，理論是會續跌，但實務上其後仍可能走多。

圖 77-1 以「萬海」（2615）為例，指標高檔鈍化反而容易繼續上漲

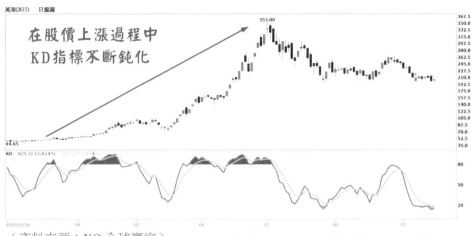

在股價上漲過程中
KD指標不斷鈍化

（資料來源：XQ 全球贏家）

圖 77-2 以「今皓」（3011）為例，指標低檔鈍化後仍可能走多

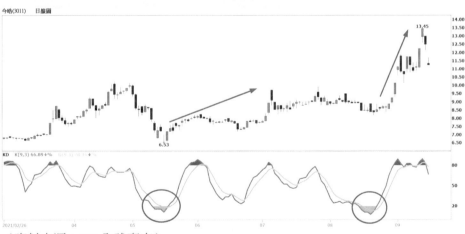

（資料來源：XQ 全球贏家）

78. 大盤指數有沒有「過熱」，怎麼判斷？

粉絲提問：老師，指數上了 18,000 點了，算不算過熱？怎麼判斷呢？

天龍回覆：有一個叫做「巴菲特指標」的股市衡量基準，提到這個判斷方法。巴菲特說過，「股市總市值」和「GDP」的比值，可做為指標，判斷股市是否過熱。當一市場總市值超過 GDP，就是該審慎思考的訊號，回顧過去，全球市場都曾在該數值超過 100％時出現大跌修正現象。

曾有專家將同樣指標套用在台股，結果在 2020 年 7 月底的當時便突破了 200％，遠高於全球平均。因而質疑股市過熱。可是，如今台股來到 2021 年 7 月中，便可驗證此一指標未必適用於台股。因為從 13,031 高點來到 18,034 的高點，其間並沒有崩盤的現象。（請見圖 78-1）

技術線型有時比總體經濟面更能透露玄機

判斷台股是否過熱的方法很多。例如觀察美元指數（和台股成負相關），或 VIX 指數是否暴漲。不過，請看圖 78-2，❷VIX 指數暴漲之後反而是❶的大多頭起漲點。❸是我們前述有專家質疑台股過熱的時間點，可是我從 20 日、60 日的黃金交叉，卻發現那是台股大多頭的徵兆，並沒有過熱現象，後來還直奔 18,034 的更高點。所以技術線型有時反而比總體經濟面更能透露真正的玄機！

圖 78-1 將巴菲特指標用於質疑台股過熱，結果是槓龜。

（資料來源：XQ 全球贏家）

圖 78-2 以 20 日和 60 日均線交叉，作台股是否過熱的鑑識圖

（資料來源：XQ 全球贏家）

79. 價量齊揚的股票，
為什麼我一買就被套？

粉絲提問：老師，我根據「價量齊揚」的原則買進這檔股票，怎麼一買就被套了？

天龍回覆：請看圖 79-1，股市小白來信指出，他在圖中箭頭所指之日買進「富鼎」（8261），不知為何後來的走勢完全出乎意料之外？他說，當天價量齊揚，KD 也已黃金交叉、寶塔線也翻紅了，怎麼一買就套住了呢？

是的，股市的水是很深的。沒有廣博的知識，有時很難以應付現今詭譎多變的股市。「價量齊揚」有時是主力刻意「作線」做出來的，用以引誘散戶進入，以便利他的倒貨。根據我的籌碼研究，買進的當天所以強勢，是因為有隔日沖大戶拉漲停的。第二天大戶立刻出清持股，飽餐一頓。所以股價就下來了。

先等缺口封閉才買進，較少上行壓力

籌碼研究，是很專業的學問。可以先不管它，但光看圖 79-2，站在買進的當天（即❶），往左邊看，就有一座山（看本書第 46、47 頁的解釋），這表示前面的壓力重重、賣出訊號極多，不宜貿然買進。其次，圖中由黃色框列出來的 12 根 K 棒，是一個「島狀反轉」的型態，左右各有一個「缺口」。在比較鄰近買進日期的缺口（❷和❸之間），在缺口上緣的 117 位置至少要跨越才買進，封閉缺口才會是較佳買進日。

圖 79-1 股市小白指出買進的日期請求解盤

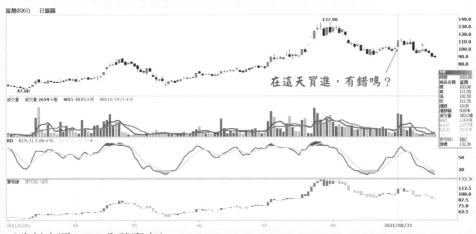

（資料來源：XQ 全球贏家）

圖 79-2 先等缺口封閉才買進，較少上行壓力

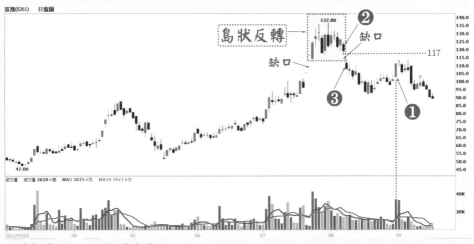

（資料來源：XQ 全球贏家）

80. 什麼叫做「真突破」和「假跌破」？ 什麼叫做「騙線」？

粉絲提問：老師，什麼叫做「真突破」和「假跌破」？什麼叫做「騙線」呢？

天龍回覆：在趨勢線上下遊走的 K 棒，有時似乎站上了均線，但沒兩三天又跌下來了，這叫做「假突破」，因為它並沒有真正的站上均線、「從此過著幸福快樂的日子」；如果趨勢線上的 K 棒突然跌下兩三天，又迅即爬上均線，這就叫「假跌破」，因為它並沒有真正跌下去，「從此萬劫不復，跌跌不休」。

如果股價是真突破，當然也可能會回測，但是拉回就是買點；股價如果是假跌破，即使是小小的反彈，但最終仍可能會繼續下跌，所以拉上來反而都是賣點。這事關係著交易的心理戰，所以主力常會「作線」，故意製造讓你判斷錯誤的線型，這些都叫做「騙線」。型態並沒有一定，否則就容易被你識破了。

穿越線型 3%以上，才是真突破、跌破

圖 80-1 和圖 80-2，都是判斷「真、假突破」的註解。就像爬山總是比下樓梯辛苦一樣，「真突破」是需要價量齊揚的，至少穿越線型 3%以上、量也要 5 日均量的 1.2 倍以上，才能叫做「有效突破」。「真跌破」就比較不需要量能了。可以有量，也可以沒量，但價格至少也是要穿越線型 3%以上，才算「有效跌破」。當然，更有效的「向上突破」或「向下跌破」，最好是跳空的長紅（漲停板）或長黑（跌停板）。

圖 80-1 「合晶」（6182）的「真、假突破」判斷

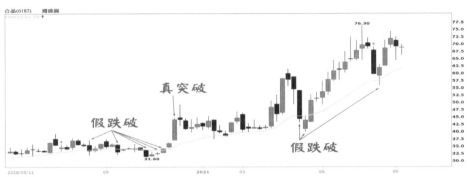

（資料來源：XQ 全球贏家）

圖 80-2 「玉晶光」（3406）的「真、假突破」判斷

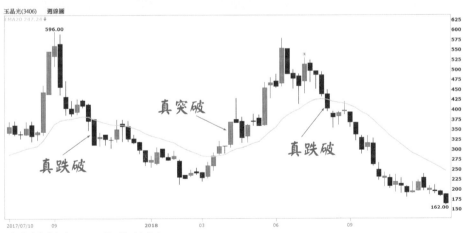

（資料來源：XQ 全球贏家）

81. 什麼叫做「三天觀察期」？

粉絲提問：老師，什麼叫做「三天觀察期」？如何觀察呢？

天龍回覆：做股票要冷靜、理性，不能衝動。「與趨勢為友，與情緒為敵」的具體做法，就是「三天觀察期」，看清楚這檔股票的未來趨勢，有時需要給它一點時間，來印證一下我們的想法。如果對，那就做；萬一不對，就可省得破財了。

當我們打完疫苗，通常都要有幾天觀察期，看看身體出現什麼症狀和副作用，才知道要不要緊；我們用指標觀察股票，也一樣要看其後三天的變化，才知道如此判斷可不可靠。請看圖 81-1，這是以「漢磊」（3707）為例說明「三天觀察期」的重要。除了❷是真跌破以外，❶❸❹都在三天內都再度站上均線。

不給三天觀察，恐怕會被套牢好幾個月

請看圖 81-2，這裡再以「友達」（2409）為例。當我們走到圖中的❶時，見它從底部翻揚多日，來到這裡，一定以為從此「友達」就開始回升了，結果完全不是那麼回事！因為❶雖然是突破 20 日線的長紅，卻不能不給它一個「三天的觀察期」。沒想到，一觀察才發現❷就是一記蓋頭反壓，❸還是跳空下跌，❹也沒有收復失土，❺之後更是再也沒有站上均線了。如果不觀察就買進，很可能套牢數月了！

圖 81-1 以「漢磊」（3707）為例的「三天觀察期」說明

（資料來源：XQ 全球贏家）

圖 81-2 以「友達」（2409）為例的「三天觀察期」說明

（資料來源：XQ 全球贏家）

82. 什麼叫做「拔檔」？
是賣出訊號嗎？

粉絲提問：老師，什麼叫做「拔檔」？是賣出訊號嗎？

天龍回覆：「拔檔」是指手上有持股，見到危險訊號，先賣出一趟再說，等到危險警報解除之後，再伺機買回的意思。這種「先賣後買」的動作，也可能是在一天內完成，就有如當沖。但比較穩健的做法，則是先退場觀望，等到買進訊號出現才進場。

請看圖 82-1，以加權指數（TSE）為例，❶和❹都是在大漲之後，出現了❷和❺的賣出訊號（❷這天大跌了 344 點，❺這天大跌了 260 點），如果不先賣出一趟的話，就會連跌一大段時光，你的資金會遭遇慘賠。但如果懂得先拔檔，到❸和❻的買進時機出現再重新開始進場，就能避開龐大損失。

大漲之後的長黑是警訊，宜先拔檔

再看圖 82-2，這是以「永純」（4711）為例。在 9 月 17 日之前，該股已經急漲多日，我們就應該有「危機意識」了。一旦出現跌停，便是嚴重的賣出訊號！如果我們能先行「拔檔」、退場觀望，就可以避開其後的繼續下跌，也就可減少很多獲利的回吐。總之，股市就是跌多了就會漲、漲多了就會跌，尤其跌停板往往就是多空轉換的關鍵。遇到大漲之後的長黑，一定要記得先「拔檔」賣出再說。

圖 82-1 以加權指數（TSE）為例的「拔檔」方法

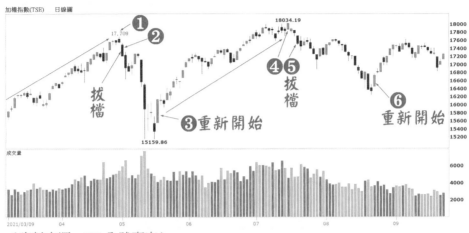

（資料來源：XQ 全球贏家）

圖 82-2 「永純」（4711）跌停，宜先拔檔

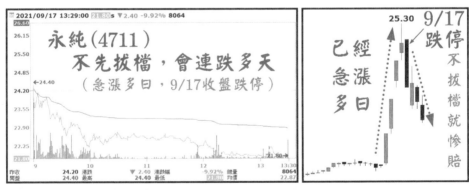

（資料來源：XQ 全球贏家）

83. 價量關係是最重要的操作依據嗎？怎麼看呢？

粉絲提問：老師，價量關係是最重要的操作依據嗎？怎麼看呢？

天龍回覆：「量」是「價」的先行指標。有量，才有價。量價關係是無法騙人的，因為那是必須用真金白銀去砸，才會爆出火花。當然，從另外一個角度來說，有價，才有量。因為大部分散戶都是看價格上去了才會追價，於是產生了量。這就好像「先有雞還是先有蛋」的問題一樣難分難解。

請看圖 83-1，價量關係，大致可分為 9 種模式，這裡雖然附有註解，不過，每一檔股票在行進中的位階都不同，所產生的意義也不同。但在基本上，「價量齊揚」是上漲動能的明顯表現，「價跌」量縮也是繼續上揚的必要條件。相反的，量出來，價卻不漲；價跌才出量，就表示有人在倒貨。

量價關係相互為用，是很好的判斷指標

請看圖 83-2，這是以「亞聚」（1308）為例。在最左邊，量平價平，看起來就沒有什麼風波。但是，歷經「量縮價跌」、「量平價揚」的過程，大戶已慢慢吃貨，直到「量增價揚」，就看出主力已經發動攻勢了。其間，還會有「量縮價揚、量增價跌、量增價平」的漲漲跌跌過程。主力也會透過「量縮價平」、「量平價跌」的手法洗盤，等一切「因緣俱足」之後，股價就再也拴不住了，會突破現狀、奔向更高的點位去了。

圖 83-1 常見的量價關係 9 種模式

	模式	解說
1	量平價平	表示主力並未介入，不會有什麼行情。
2	量縮價跌	表示股價沈澱，可能未來會出現「底部」。
3	量平價揚	表示量未表態，但股價已在醞釀中。
4	量增價揚	這是動能已出、趨勢向上發展的特徵。
5	量縮價揚	表示拳頭收回，準備出擊。
6	量增價跌	表示有買盤進場吃貨，容易變成橫盤走勢。
7	量增價平	表示形成橫盤走勢，就是為了站穩馬步，以便出拳。
8	量縮價平	凝聚籌碼，價格蓄勢待發。
9	量平價跌	如果是向上趨勢，表示很可能會演出「破底翻」。

（製表：方天龍）

圖 83-2 以「亞聚」（1308）為例的量價關係圖

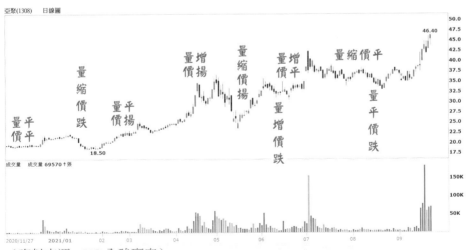

（資料來源：XQ 全球贏家）

84. 什麼叫「價量配合良好」？
什麼叫「良性換手」？

粉絲提問：什麼叫做「價量配合良好」？什麼叫做「良性換手」？

天龍回覆：一般來說，投資人多半是做多的。站在「做多」者的立場，有價就有量、有量就有價，這是相互為用的。所以，「價量齊揚」才是股價向上發展的王道；相反的，「價跌」就該「量縮」才行。如此，才是價量配合良好。「良好」的結果，未來的股價才會繼續上漲。

請看圖 84-1，在這張「晶焱」（6411）的日線圖中，❶是三根紅K棒向上攻堅的格局，而這三天的量就是增加的。❷的價是休息式的下跌狀態，這時它的量就縮了。❸和❹的情況也是如此。當❸價漲時，就量增；

當❹價跌時，就量縮。這樣就是價量配合良好，難怪後來股價會繼續上漲。

爆量後股價繼續漲，就是好的換手動作

請看圖 84-2，這裡以「加權指數」（TSE）為例。在❶這天，台股突然爆出 4,096 億的大量（❷），在當時是非常罕見的，何況指數又大跌 144 點。「爆量長黑」是當時股市新手都很緊張的事。其實這是「良性」（好的意思）換手的換手量。因為❸這天股價就超越了❶，表示散戶的籌碼已換到大戶手上了。❹這一天的量（❺）更高於❷了。所以，良性換手，就是資金由散戶流到大戶手上，股價自然欲小不易了。

圖 84-1 以「晶焱」為例，說明「價量配合良好」

（資料來源：XQ 全球贏家）

圖 84-2 以「加權指數」（TSE）說明「良性換手」

（資料來源：XQ 全球贏家）

85. 為什麼看技術分析還不夠，
還要研究籌碼？

粉絲提問：老師，為什麼看技術分析還不夠，還要研究籌碼？

天龍回覆：對於「股市小白」來說，看技術分析已經夠了。但是，要深入研究籌碼（至少要進入「分點」對多空陣營的觀察），才能洞悉一檔股票的內幕、在操盤時更加得心應手。這當然是進階班的課程了。

請看圖 85-1，在這張「金像電」（2368）的日線圖中，16.3 的高點出現前一天，長紅突破，股價創新高，看起來技術面是可以買進的。但是，根據我當時的籌碼研究發現，有一些隔日沖大戶正準備伺機倒貨。偏偏股東會要回補融券空單，會在最後回補日後的幾天「買力衰竭」，但因該股被規定現股當沖只能先買後賣、不能先賣後買，必然在尾盤出現極大的賣壓。果然不錯，該股票後來跌了一大段。

隔日沖大戶作線倒貨，只有短期影響

再看圖 85-2，這裡以「致振」（3466）為例，❶這一天出現爆量漲停，而其前面幾個月都是橫盤的區間，這種型態非常美好，沒想到第二天❷卻變成長黑的敗相。於是，❶和❷就形成了「烏雲罩頂」的做空型態。可是，如果研究一下籌碼就知道，這是隔日沖大戶刻意「作線」引人入殼、次日倒貨的案例，既然賣掉就只是短期的影響，其他的大戶並未賣出，所以可從籌碼研究獲知行情並未結束。

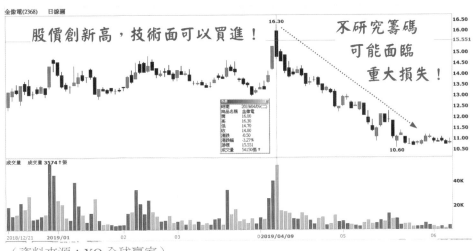

圖 85-1 以「金像電」（2368）為例，說明不研究籌碼的損失

股價創新高，技術面可以買進！

不研究籌碼
可能面臨
重大損失！

（資料來源：XQ 全球贏家）

圖 85-2 以「致振」（3466）為例，說明籌碼研究的重要

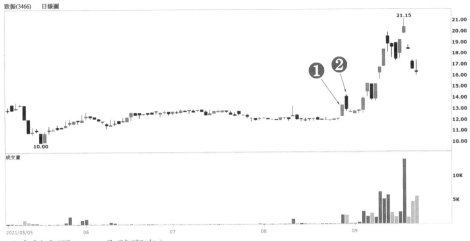

（資料來源：XQ 全球贏家）

86. 主力的籌碼不會騙人嗎？
如何判斷真偽？

粉絲提問：老師，主力的籌碼不會騙人嗎？如何判斷真偽？

天龍回覆：很多技術面派的專家常質疑「看籌碼沒用」，理由是「主力的籌碼常會騙人」。其實，術業有專攻，沒研究的人豈可隨便論斷有研究者的能力？依我長期的觀察，台股的籌碼已經非常透明，只要肯用功，主力的籌碼趨向，仍然可以偵察得知真相。只怕你自己功力不夠，或方法不對。

例如，有的主力雖然用兩個不同帳戶操作，可是我們依然可以看出其中的關連性，從而證明這兩個「分點」，不是同一個人，就是同一夥人。請看圖 86-1，這是 A 分點對 F 股票一路買進的交易實況；再看圖 86-2，這是 B 分點對 F 股票一路賣出的交易實況。兩者在交易時程上明顯有非常相關的操作動作。

主力的動作意涵，可以透過比對判斷真偽

為什麼 A、B 兩個分點，不是同一人，就是同一夥人？因為在同一個時間點上，A 分點是從 9.15 的價位正式發動攻擊，而 B 分點，卻是從 9.15 開始往上賣。同時在相同的 10 個日期內，A 分點是只買不賣，B 分點是只賣不買。雙方的均買價和均賣價又非常接近，形同「對敲」（同一價位一買一賣）。這些交易明細，都非常透明而容易比對。因而研究籌碼，我們就可以知道主力真正的心態和可能的未來動向。

圖 86-1 A 分點對 F 股票一路買進的交易實況

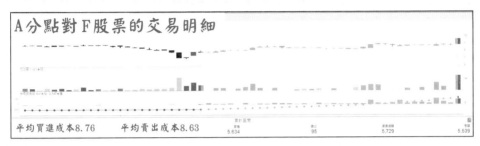

（資料來源：XQ 全球贏家）

圖 86-2 B 分點對 F 股票一路賣出的交易實況

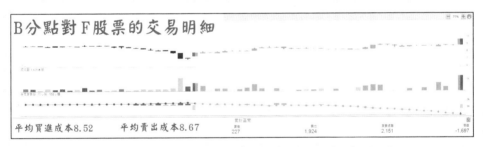

（資料來源：XQ 全球贏家）

87. 老師為什麼不太建議新手「放空」？

粉絲提問：老師為什麼不太建議新手「放空」？

天龍回覆：每當大盤暴跌的時候，很多股票都跟著大跌，許多新手見老手放空賺很多，不免也躍躍欲試。經過一陣子親身經驗之後，才知道並不如想像的好做。其實，放空在台股的立足點是不太公平的。例如平盤以下不准放空（融券賣出），以現股當沖來說，真正好做時，往往不准「先賣後買」。

想想看，當一檔股票盤中交易時，價格在平盤之上，表示它是強勢的。你空它，是勝算很小的，因為空頭的目標是弱勢股，不是強勢股；強勢股是會修理空頭的。換句話說，這一個限制會逼迫新手想放空，必須向強勢股下手。這不就等於「以卵擊石」嗎？所以還是不宜貿然出手。

逐筆撮合成交超快，新手放空易被軋到漲停

請看圖 87-1，這是以「美而快」（5321）為例，說明自從台股的制度改為「逐筆撮合」之後，成交的速度非常快。它這天開盤後連續兩波殺盤，股價卻在瞬間被拉上漲停板了。再看圖 87-2，「建舜電」（3322）拉漲停，線型陡峭。新手常以為股價軟弱而放空，不料突然在瞬間被軋到漲停、補不回來。所以，與其陷自己於風險中，不如等判斷力較強，也深諳信用交易的遊戲規則時，才來試行「放空」。

圖 87-1 「美而快」（5321）主力誘空拉漲停

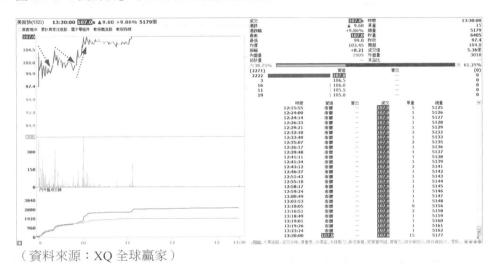

（資料來源：XQ 全球贏家）

圖 87-2 「建舜電」（3322）拉漲停，線型陡峭

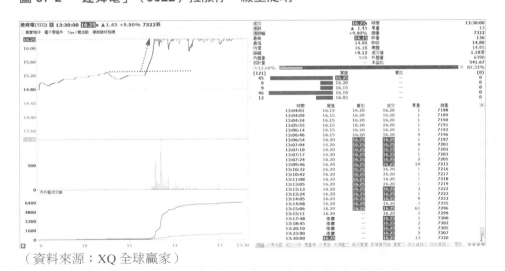

（資料來源：XQ 全球贏家）

88. 新手可不可以「信用交易」？
融資、融券是什麼？

粉絲提問：老師，我做股票已一年了，還是有很多不懂。例如我朋友都會使用融資、融券，而我卻一直在使用現金買股票，到底信用交易是什麼？是用信用卡付帳嗎？還是信用貸款？可以借多少？

天龍回覆：你說的「信用卡付帳」、「個人信用貸款」，都是銀行業務；而股市的「融資」是指你買進某一檔股票時，券商借你一筆錢（要付利息）；而「融券」是你看壞某一檔股票想要放空時，券商也可以借你股票（要付利息）。如果你做融資、融券當沖時，就屬於「信用交易」的範圍。

現在「現股當沖」比「資券交易」更有利了，因為稅減半。新手較少用融券放空，較常用融資買進，所以「融資」也有「散戶」的象徵意味。但我認為這與向銀行借錢來「消費」的意義不同，而是為了一檔股票的「投資」而請券商出「配合款」，且每一次交易就給利息。沒做交易，券商並不借錢給你。

融資是散戶象徵，但近年大戶也在使用

小資男女用融資買股票，因自備款只要 4 成，等於槓桿是 2.5 倍，所以會覺得資金變「雄厚」了。然而，時至今日，有些大戶為了增加自己的影響力、更容易掌控漲跌，也會使用融資、融券。所以「融資」其實不一定代表散戶，也有些大戶會用融資「鎖碼」（鎖定籌碼）。所以必須明辨才行。

圖 88-1 申請股票信用交易帳戶的條件

項目	申請資格
1	年滿 20 歲。
2	有中華民國身分證的人。
3	開戶日期已滿 3 個月。
4	最近一年股市交易，成交筆數已滿 10 筆以上。
5	最近一年累積成交金額，達所申請融資信用額度的 50%。
6	最近一年所得與各種財產，達所申請融資信用的 30%。

（製表：方天龍）

圖 88-2 信用交易帳戶信用額度一覽表

信用交易	自備款	融資額度	槓桿
融資買上市股票	4 成	6 成	2.5 倍
融資買上櫃股票	5 成	5 成	2 倍

（製表：方天龍）

圖 88-3 新手較少使用融券的原因

1	融券時投資人要付保證金 9 成，必須使用的資金與現股買賣差不多，小資男女難免猶豫。
2	常聽說融券被「軋空」，軋到漲停卻補不回來。心生恐懼，而不敢放空。
3	對放空的遊戲規則不十分了解，所以較少使用融券。

（製表：方天龍）

89. 使用融資、融券有什麼好處和風險？

粉絲提問：老師，既然使用信用交易可以少付一些錢，當然很好，但不知它的優點和風險是什麼？

天龍回覆：你已經說出融資的優點了。交割時只要付 4 成或 5 成即可。你會頓時覺得自己的可運用資金變多了。但操作不順，有時也會面臨「追繳」或「斷頭」危機，需要補錢或被迫賣出股票。

新手使用「信用交易」，切不可「Show Hand」（所有的資金額度一次全部投入買進股票）。投資比例一定要低，才有周轉金可以運用，否則一旦被套牢，就會動彈不得；當有必要換股操作時，你會砍不下手，失去先機。也就是說，假設你有 20 萬資金，有了信用交易資格之後，你的可運用資金相當於變成 50 萬了。那你也不能全部孤注一擲，頂多只能買進一半。這就是我常強調的「投資比例要低」的意思。

技巧不純熟的新手，先別嘗試融券放空

融券的優點，是可以「放空」或「鎖單」（融資買進之後，股價已上漲、有獲利機會了，為了防行情下跌，就用另一筆錢放空，鎖住原有的利潤）。其次，融券在空頭時期放空操作，往往賺得很快，但是，萬一有大戶「軋空」（反向操作把股價拉往高處），通常比融資被套牢還可怕。所以，技巧不純熟的新手，莫輕易嘗試。研究清楚後再出手比較好，否則也同樣有「追繳」或「斷頭」危機！

圖 89-1　股票當日沖銷交易的方式

股票當日沖銷交易的方式

	現股當沖	資券當沖
 📈	現股買進→現股賣出	融資買進→融券賣出
 📉	現股賣出→現股買進	融券賣出→融資買進

（製表：方天龍）

圖 89-2　股票一般信用交易的方式

股票一般信用交易的方式

	某一天	幾天後
 📈	融資買進某檔股票	融資賣出該檔股票
 📉	融券賣出某檔股票	融券買進該檔股票

（製表：方天龍）

90. 「融資斷頭」是什麼？對股價有什麼影響？

粉絲提問：老師，股市好像是一個很恐怖的世界，什麼「割肉」、「斷頭」、「斬倉」、「跳水」……一大堆名詞聽起來都超可怕的。到底這些都是什麼意思啊？

天龍回覆：有些是大陸用語，如「割肉」（認賠殺出）、「斬倉」（砍掉持股）、「跳水」（跳空下跌）等等，如今台灣已通用。台股很早就有「斷頭」一詞，意指股價暴跌，融資戶原先所繳的保證金將不夠賠券商，就會被券商把股票砍掉。融資是一種券商對你的「配合款」，但因獲利歸你，你只是付利息。所以理當先保護他的資金免受損失。剛買進股票時，「融資維持率」大約 166％，萬一股價下跌，必須守住 130％的融資維持率，否則你必須補錢。如不補錢，券商就可把股票斷然賣出、收回本錢，這就是「斷頭」。

融資維持率過低，會有被斷頭的危險

請看圖 90-1，「台積電」（2330）從❶（2021 年 1 月 21 日）高點 679 元融資買進股票的人，跌到❷（同年 5 月 12 日）的盤中，融資維持率已過低，股票就會被「斷頭」。再看圖 90-2，「聯發科」（2454）從❶（2021 年 4 月 29 日）高點 1185 元融資買進股票的人，跌到❷（2021 年 5 月 11 日）的盤中，融資維持率也過低了，股票就會被「斷頭」。如果股市斷頭者多，股市就會暴跌，然後慢慢開始築底。

圖 90-1 「台積電」（2330）從 ❶ 跌到 ❷，融資戶就會被「斷頭」

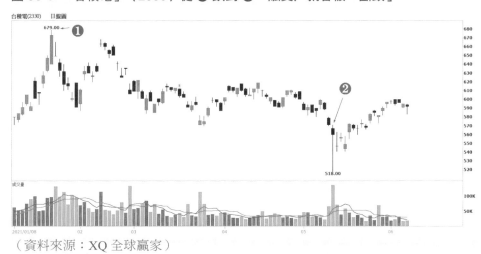

（資料來源：XQ 全球贏家）

圖 90-2 「聯發科」（2454）從 ❶ 跌到 ❷，融資戶就會被「斷頭」

（資料來源：XQ 全球贏家）

91. 融券何時必須回補？
「融券回補力道」是什麼？

粉絲提問：融券何時必須回補？「融券回補力道」是什麼？

天龍回覆：融券回補的期限，通常為半年。這叫做「融券期限」。它的計算方式是以「對月對日」的方式為主，而不管是否有 30 日、31 日的差別。例如你在 2021 年 6 月 8 日融券賣出某一檔股票，就必須在 2021 年 12 月 8 日融券買進，用來償券（還券），否則證金公司就會強制執行。

但是，請看圖 91-1，所有的股票每年至少有幾個時間點必須強制回補。其中一個是「股東會」，一個是「除權息」，還有就是「現金增資」。因為企業必須提前釐清誰才是真正的股東，以利辦理股東會發放股利或股息事宜。而在即將進入融券強制回補期之下，資少、券多、券資比高的股票比較容易吸引市場買盤介入，也就是說比較有機會上漲，形成所謂的「軋空」。比例越懸殊的，就越有「融券回補力道」，也就是軋空力道。

從證交所網站，可查詢融券最後回補日期

至於如何找到「停券起日」（最後回補日）的資訊呢？可進「台灣證券交易所」網站，或直接搜尋以下的網址：https://www.twse.com.tw/zh/page/trading/exchange/BFI84U.html，就可以看到「得為融資融券有價證券停券預告表」。從這裡就可以得知該股票的「融券」何時必須回補。（見圖 91-2）

圖 91-1 融券強制回補的時間點

融券強制回補的時間點		
	事件簿	日期
1	股東常會召開前約 2 個月	停止過戶日第 6 個營業日前
2	除息日	停止過戶日第 6 個營業日前
3	除權日	停止過戶日第 6 個營業日前
4	現金增資	停止過戶日第 6 個營業日前

（資料來源：台灣證券交易所）

圖 91-2 查詢股票的融券最後回補日的網站

得為融資融券有價證券停券預告表

更新日期：110/09/28

每頁 10 ∨ 筆

股票代號 ⇅	股票名稱 ⇅	停券起日(最後回補日) ⇅	停券迄日 ⇅	原因 ⇅
1472	三洋紡	110.10.01		減資
1473	台南	110.09.27	110.09.30	除息
1474	弘裕	110.09.30	110.10.05	除息
1541	錩泰	110.10.04	110.10.07	除息
1618	合機	110.10.01	110.10.06	減資
1724	台硝	110.09.30		除息
1736	喬山	110.09.28	110.10.01	除息
1786	科妍	110.09.28	110.10.01	除權息
2034	允強	110.09.29	110.10.04	除息
2330	台積電	110.12.10	110.12.15	除息

上頁 　1　 2　 3　 4　 下頁

（資料來源：台灣證券交易所）

網址：https://www.twse.com.tw/zh/page/trading/exchange/BFI84U.html

92. 借券和融券不一樣嗎？
那「借券賣出」又是什麼？

　　粉絲提問：老師，借券和融券有什麼不一樣呢？那「借券賣出」又是什麼？

　　天龍回覆：「融券」就是先借股票來賣，等到股價下跌之後，再從股市以「融券買進」方式回補、以賺取差價。這樣的操作就叫做「放空」。至於借券的全稱是「有價證券借貸」，意思是出借人將有價證券(股票)出借給借券人，並收取擔保品。通常都是外資在借券，不過，現在大型綜合證券也給一般人「借券」了。

　　「融券」如果大增，代表很多老手看空它，未來的股價就有下跌的可能。至於「借券餘額」大增，可不一定是放空。因為外資的金融操作項目極多，借券餘額大增未必是放空股票，只有「借券賣出」才是放空。如果「借券賣出」的股票還券大增時，往往代表股價有望止跌或上漲。（見圖 92-1）

「借券賣出」大減，代表股價可能要漲了

　　請看圖 92-2，以「台通」（8011）為例，當它的「借券賣出」數量突然連續大減（或一次突然暴減），就可能是股價醞釀上漲的契機。因為「借券」是比較沒有時間限制的（不必強制回補），所以外資突然不再借券大賣，可能知道股價即將上漲的訊息。例如近期的 8 天（❶❷❸❹❺❻❼❽）「借券賣出」的張數突然大減，尤其是❽這一天更是大減，果然次日股價就跳空漲停。這確實是研判行情的妙招。不過，有時是假外資的障眼法，影響可能只有一、兩天。

圖 92-1 從融券和借券賣出變化研判股價趨向

1	融資增加	不利股價上漲（除非是大戶用融資鎖碼股）
2	融券增加	有利股價軋空（除非空頭行情）
3	借券賣出增加	不利股價上漲（除非外資可能用來避險）
4	券資比增加（融資減、融券增）	有利股價軋空（散戶亂放空）
5	券資比增加＋借券賣出大幅減少	有利股價上漲（外資覺得股價要漲了）

（製表：方天龍）

圖 92-2 「台通」（8011）的借券賣出大減醞釀出上漲契機

（資料來源：XQ 全球贏家）

讀書心得
Book Review

台灣廣廈 國際出版集團
Taiwan Mansion International Group

國家圖書館出版品預行編目（CIP）資料

100 張圖幫股市小白財富自由：神準天王掏心回覆首投族提問，專為股市新手寫的簡單白話股票操作入門書 / 方天龍 著，-- 初版. -- 新北市：財經傳訊, 2021.10

面；　公分. --（through;23）

ISBN 9789860619492（平裝）

1.投票投資 2.投資技術 3.投資分析

563.53　　　　　　　　　　　　　110014136

財經傳訊
TIME & MONEY

100 張圖幫股市小白財富自由：
神準天王掏心回覆首投族提問，專為股市新手寫的簡單白話股票操作入門書

作　　　者／方天龍　　　**編輯中心**／第五編輯室
　　　　　　　　　　　　　編 輯 長／方宗廉
　　　　　　　　　　　　　封面設計／十六設計有限公司
　　　　　　　　　　　　　製版・印刷・裝訂／東豪・弼聖・秉成

行企研發中心總監／陳冠蒨
媒體公關組／陳柔彣・**綜合業務組**／何欣穎

發 行 人／江媛珍
法律顧問／第一國際法律事務所 余淑杏律師・北辰著作權事務所 蕭雄淋律師
出　　　版／台灣廣廈有聲圖書有限公司
　　　　　　　地址：新北市 235 中和區中山路二段 359 巷 7 號 2 樓
　　　　　　　電話：（886）2-2225-5777・傳真：（886）2-2225-8052

代理印務・全球總經銷／知遠文化事業有限公司
　　　　　　　地址：新北市 222 深坑區北深路三段 155 巷 25 號 5 樓
　　　　　　　電話：（886）2-2664-8800・傳真：（886）2-2664-8801
郵 政 劃 撥／劃撥帳號：18836722
　　　　　　　劃撥戶名：知遠文化事業有限公司（※ 單次購書金額未達 500 元，請另付 60 元郵資。）

■ 出版日期：2021 年 10 月　　■ 初版 2 刷：2021 年 11 月
ISBN：9789860619492